Wohlfühl-Rezepte
mit Nüssen, Linsen, Bohnen, Erbsen, Körnern

Übersetzung aus dem Französischen: Barbara Holle
Textredaktion: Anja Ashauer-Schupp
Korrektur: Petra Tröger
Satz: Studio Fink, Krailling
Umschlaggestaltung: Caroline D. Georgiadis, daphnedesign

Copyright © 2009 für die deutschsprachige Ausgabe:
Christian Verlag GmbH, München

Alle Angaben in diesem Werk wurden von den Autoren
sorgfältig recherchiert und auf den aktuellen Stand gebracht
sowie vom Verlag geprüft. Für die Richtigkeit der Angaben
kann jedoch keinerlei Haftung übernommen werden.
Für Hinweise und Anregungen sind wir jederzeit dankbar.
Bitte richten Sie diese an:
Christian Verlag
Postfach 400209
80702 München
E-Mail: info@christian-verlag.de

Die Originalausgabe mit dem Titel
Les vertus des graines & des noix wurde erstmals 2008
im Verlag Éditions Minerva, Genf, veröffentlicht.

Copyright © 2008 Éditions Minerva, Genf, Schweiz

Text: Domitille Langot
Fotos: Michel Langot
Grafische Konzeption: Carine Turin

Printed in Spain by Gráficas Estella

Alle deutschsprachigen Rechte vorbehalten.

Die Deutsche Bibliothek – CIP Einheitsaufnahme
Ein Titeldatensatz für diese Publikation ist bei der Deutschen
Bibliothek erhältlich.

ISBN 978-3-88472-933-5

Wohlfühl-Rezepte

mit Nüssen, Linsen, Bohnen, Erbsen, Körnern

Domitille und Michel Langot

SCHMECKT GUT, TUT GUT

Christian Verlag

Vorwort

Warum sind Früchte, die den Menschen seit Jahrtausenden überall auf der Welt als Nahrung dienten, heute aus den Küchen der westlichen Länder nahezu verschwunden?

Das urbane Leben brachte es mit sich, dass sich unsere Ernährungsgewohnheiten in den letzten Jahrzehnten verändert haben und dass heute Fleisch, Milchprodukte und Fertiggerichte unseren Speiseplan dominieren. Zugegeben, diese Gerichte sind praktisch und ihre Zubereitung erfordert keinen großen Zeitaufwand, aber sie enthalten auch bedenkliche Zusätze wie Farbstoffe und Konservierungsmittel. Die industrielle Verarbeitung der Lebensmittel lässt Mensch und Natur mitunter außer Acht und raubt der Nahrung häufig ihre positiven Eigenschaften. Wie aber schafft man es, zu einer ausgewogenen, natürlichen Ernährung zurückzukehren, ohne auf die Vorzüge und Bequemlichkeiten des modernen Lebens verzichten zu müssen? Ganz einfach, indem man Nüsse und Körner in den Speiseplan integriert. Sie sind wahre Nährstoffbomben!

In der Natur ist alles wohlbedacht. Die harte Schale von Mandeln und Haselnüssen dient dem Schutz der wertvollen

Inhaltsstoffe wie Fetten, Proteinen, Vitaminen und Mineralstoffen. Sie verhindert, dass die Inhaltsstoffe mit der Luft in Berührung kommen, und im Idealfall sollte man sie erst unmittelbar vor dem Verzehr entfernen. Eine kleine Unbequemlichkeit mit großer Wirkung.

Kommt ein Weizenkorn mit Wasser in Berührung, vervielfacht sich sein Vitamingehalt durch die Keimung und es wird zu einer regelrechten Vitaminfabrik. Zudem werden die Kohlenhydrate und Proteine umgebaut. Man muss lediglich ein paar Körner auf einen Teller legen, mit Mineralwasser begießen und ein paar Tage warten, bis sie zu keimen beginnen. Ganz einfach!

Auch in getrockneten Hülsenfrüchten stecken jede Menge lebenswichtige Inhaltsstoffe, die durch Flüssigkeit reaktiviert werden. Sie müssen nur in Wasser gekocht – und manche Sorten zuvor eingeweicht – werden. Ganz leicht!

Warum aber haben wir sie dann fast vollständig von unserem Tisch verbannt?

Sie sind Opfer ihres schlechten Rufs geworden. Gelten sie doch als Dickmacher und als schwer verdaulich. Vorbehalte, die sich seit einigen Jahren – seit die Medizin ihre Vorzüge wieder entdeckt hat – nicht mehr aufrechterhalten lassen. Und so sind sie heute wieder im Kommen. Denn während Nüsse, Körner und Hülsenfrüchte früher aufgrund ihrer guten Lagerfähigkeit wesentlich dazu beitrugen, dass die Menschen Hunger- und Kälteperioden überstanden, sind sie heute unverzichtbar für unsere Gesundheit. Daran will dieses Buch erinnern. Mit Porträts und Rezepten zu den verschiedenen Nahrungsmitteln, die dabei gelegentlich von Kapitel zu Kapitel springen, sodass sich die Mandel auch mal bei der Sojabohne einlädt, die Kastanie die Linse begleitet oder die Pistazie sich unter die Erbsen mischt. So werden Sie auf den folgenden Seiten nicht nur viel über die ernährungsphysiologischen Vorzüge dieser Lebensmittel erfahren, sondern zudem eine Vielzahl fantasievoller Anregungen für ihre schmackhafte Zubereitung finden.

Guten Appetit!

Alle Rezepte sind für 4 Personen berechnet.

Linsen /// SEITE 8

Kichererbsen /// SEITE 24

Erbsen, Dicke Bohnen, getrocknete Bohnen
/// SEITE 36

Sojabohnen und Erdnüsse /// SEITE 54

Pistazien, Mandeln, Pinienkerne /// SEITE 70

Linsen

Im Wandel der Zeit

„ Und Jakob kochte ein Gericht. Da kam Esau vom Felde und war müde und sprach zu Jakob: Laß mich kosten das rote Gericht; denn ich bin müde. Aber Jakob sprach: Verkaufe mir heute deine Erstgeburt. Esau antwortete: Siehe, ich muß doch sterben; was soll mir da die Erstgeburt? Jakob sprach: So schwöre mir heute. Und er schwur ihm und verkaufte also Jakob seine Erstgeburt. Da gab ihm Jakob Brot und das Linsengericht, und er aß und trank und stand auf und ging davon. Also verachtete Esau seine Erstgeburt." [1. Mose 25, 29–34]

Sie müssen gut gewesen sein, die Linsen, von denen die Genesis berichtet. Hätte Esau dafür sonst die Autorität über seine Brüder, das Priesteramt und den doppelten Teil des väterlichen Erbes aufgegeben, die ihm nach patriarchalischem Recht zustanden? War er ein besonnener Mensch, der sein Privileg nur zu gerne an den eifersüchtigen, gewissenlosen Bruder abtrat, oder war er nur ein impulsiver Mensch, den der Hunger plagte? Wer kennt es nicht, das ewige Dilemma, sich zwischen der Befriedigung der leiblichen und der spirituellen Bedürfnisse entscheiden zu müssen. Und schon hier begegnen sie uns, die Linsen, die bis heute von sich reden machen.

Und das seit mehr als 10.000 Jahren.

Seit der Mensch zum ersten Mal den Versuch unternahm, sie im Nahen Osten, in den Ebenen des Fruchtbaren Halbmonds, zu kultivieren. Schon damals schätzte man sie sehr als Grabbeigabe für die Verstorbenen, als Nahrungsmittel und als Tauschobjekt. Durch den Handel verbreitete sich die Linse von Land zu Land und von Kultur zu Kultur. Hier und da finden sich noch Relikte, die von ihrer Bedeutung zeugen, etwa in Ägypten, wo man sie auf Fresken und Papyrus verewigt hat, in den wundervollen hängenden Gärten von Babylon … In seinem berühmten Kochbuch *De re coquinaria* (Über das Kochen) verfeinerte sie der römische Feinschmecker Apicius mit Esskastanien, Gewürzen und Honig. Ein wertvolles Lebensmittel, das sich zudem problemlos lagern und konservieren lässt und gemeinsam mit dem Getreide nicht unwesentlich zur Blüte der großen Kulturen beigetragen hat.

Doch dann kommt eines Tages der griechische Arzt Dioscurides und behauptet, Linsen verursachten Verdauungsstörungen. Und so wurden sie von den Tafeln der Reichen verbannt, um fortan ein Dasein als Armeleuteessen zu fristen. Und gelangte jemand zu Reichtum, dann sagte man von ihm: „Jetzt verschmäht er die Linsen."

Sie müssen gut und nahrhaft gewesen sein, die Linsen. Hätten die Armen sonst überleben und den Vorurteilen trotzen können? Heute kommen sie wieder reichlich auf unsere Tische. Nicht etwa als gewöhnlicher Linseneintopf mit dem unvermeidlichen Schweinefleisch, sondern, dank der großen Köche, die sie mit edelsten Zutaten wie Hummer, Scampi … kombinieren, als Prinzessinnen.

Sie müssen rot gewesen sein, die Linsen in der Bibel. Verlangte Esau doch etwas Rotes.

Ob rot, braun oder gelb – lassen Sie sich von den feinen Linsen verführen!

EIN HÖCHST WERTVOLLES LEBENSMITTEL, DAS NICHT UNWESENTLICH ZUR BLÜTE DER GROSSEN KULTUREN BEITRUG.

Wissenswertes

/// Da Linsen wenig Zellulose enthalten, sind sie **die am leichtesten verdaulichen Hülsenfrüchte**. Dennoch ist es wichtig, sie gut zu kauen und auf eine Mahlzeit mit Linsen sollten niemals Früchte oder ein Dessert folgen.

/// Rechnen Sie 60 Gramm Linsen pro Person.

/// Da die Häutchen, die die Linsen umschließen, sehr dünn sind, müssen Linsen nicht eingeweicht werden. Linsen am Ende der Kochzeit salzen, sonst werden sie hart.

/// Linsen sollten an einem kühlen, trockenen Ort aufbewahrt und nicht länger als ein Jahr gelagert werden, damit sie nicht an Geschmack und Nährstoffen einbüßen.

/// Linsen sind **außerordentlich reich an Proteinen, Mineralstoffen (Eisen, Kupfer, Zink, Kalium), Ballaststoffen und B-Vitaminen**. Sie regen die Verdauung an und wirken sich positiv auf den Cholesterin- und den Blutzuckerspiegel aus.

/// Die verschiedenen Linsenarten – braune, rote, gelbe, orangefarbene und grüne – sind mehr oder weniger mehlig. Sie werden im Ganzen oder wie Palerbsen als halbe Linsen angeboten. Aus Linsenmehl wird *papadam*, ein dünnes, knuspriges indisches Fladenbrot, gebacken. Hauptanbauländer sind die Türkei, Kanada, Bangladesch, China, Syrien und natürlich Indien, wo Linsen neben dem Reis das wichtigste Grundnahrungsmittel sind.

/// Grüne Linsen sind eine französische Spezialität.

/// Die Stadt Puy-en-Velay ist die Wiege dieser Hülsenfrucht, die bereits die Galloromanen in der Spätantike kultivierten. Aufgrund des besonderen Mikroklimas und der speziellen Eigenschaften des roten vulkanischen Bodens entwickeln Puy-Linsen einen einzigartigen Geschmack. **Puy-Linsen tragen das AOC-Siegel und bei ihrem Anbau sind hohe Auflagen, unter anderem der Verzicht auf den Einsatz von Kunstdünger, zu erfüllen.**

/// Qualitätslinsen kommen aber auch aus anderen Regionen Frankreichs, etwa die grüne Linse aus dem Berry, die 1996 mit dem Label Rouge ausgezeichnet wurde und sich wachsender Beliebtheit erfreut, oder die rosafarbene Champagner-Linse mit dem feinen Geschmack, die vor allem von den großen Meisterköchen bevorzugt wird. ■

Sellerie-Kraftbrühe
mit roten Linsen

130 g rote Linsen
$1/2$ Knolle Sellerie
1 Hühnerbrühwürfel
1 Bund Schnittlauch
Salz, Pfeffer

Vorbereitung: 10 Minuten
Garzeit: 1 Stunde 5 Minuten

Die Linsen abspülen und abtropfen lassen. Den Sellerie schälen und grob würfeln.

Die Selleriewürfel in einen großen Topf geben, mit $1^{1}/_{2}$ Liter Wasser bedecken, den Brühwürfel hinzufügen und die Brühe mit Salz und Pfeffer würzen. Den Sellerie zugedeckt 1 Stunde bei schwacher Hitze köcheln lassen. Die Brühe durch ein Sieb gießen und warm stellen.

Die Linsen in einen Topf mit kochendem Wasser geben und etwa 4 Minuten kochen. Dabei darauf achten, dass sie fest und knackig bleiben. Die Linsen abgießen und salzen.

Die Sellerie-Kraftbrühe und die Linsen auf Suppenschalen verteilen, mit Schnittlauchröllchen bestreuen und sofort servieren.

Linsensuppe
mit Rhabarber

250 g gelbe Linsen
2 schöne Stangen Rhabarber (250 g)
1 Zweig Bohnenkraut oder Thymian
200 ml Sojasahne
Einige Linsensprossen
Salz, Pfeffer

Vorbereitung: 10 Minuten
Garzeit: 1 Stunde 10 Minuten

Die Linsen abspülen und abtropfen lassen. Den Rhabarber abziehen und in Stücke schneiden.

Die Linsen in einen Topf geben, mit reichlich kaltem Wasser bedecken und 30 Minuten zugedeckt kochen.

Die Linsen abgießen, erneut mit kaltem Wasser bedecken, das Bohnenkraut oder den Thymian und den Rhabarber dazugeben, den Deckel auflegen und die Linsen weitere 30 Minuten kochen lassen.

Salzen und pfeffern und nochmals 10 Minuten kochen lassen.

Etwas Kochflüssigkeit abnehmen und beiseitestellen. Die Linsen und den Rhabarber abgießen und pürieren. Dabei gegebenenfalls etwas Kochflüssigkeit hinzufügen. Das Püree durch ein feines Spitzsieb passieren, die Sojasahne einrühren, die Suppe auf Suppenschalen verteilen, mit Linsensprossen bestreuen und sofort servieren.

Lachstarte
mit Puy-Linsen

120 g Puy-Linsen
1 Zweig Thymian
400 g Lachsfilet
200 g Cantal (oder ein anderer cremiger Schnittkäse)
1 Rolle Blätterteig
Butter für die Form
Salz, Pfeffer

Vorbereitung: 30 Minuten
Garzeit: 50 Minuten

Die Linsen abspülen, in einen Topf geben und mit reichlich kaltem Wasser bedecken. Den Thymian hinzufügen und die Linsen etwa 25 Minuten kochen. 10 Minuten vor Ende der Garzeit salzen, anschließend abgießen und beiseitestellen.

Das Lachsfilet in eine Auflaufform legen, mit Salz und Pfeffer würzen und zugedeckt je nach Dicke 2–3 Minuten in der Mikrowelle oder aber in einem Siebeinsatz im Dampf garen. Haut und Gräten entfernen, das Fleisch grob zerpflücken und beiseitestellen.

Den Käse reiben.

Eine große Tarteform leicht mit Butter einfetten und mit dem Blätterteig auslegen. Den Teig zunächst mit dem Lachs belegen und anschließend die Linsen darauf verteilen. Die Tarte mit dem geriebenen Käse bestreuen und 20 Minuten im 220 °C heißen Backofen backen.

Die Tarte sofort servieren. Gut dazu passt ein grüner Salat. Anstelle einer großen Tarteform können Sie auch Tortelettförmchen nehmen.

Scampicremesuppe
mit Champagner-Linsen

1,5 kg rohe Scampi
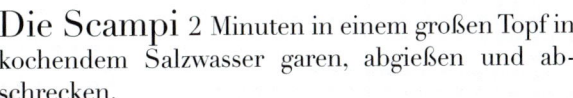
100 g Champagner-Linsen
2 Zweige Thymian
1 Möhre
1 Zwiebel
1 Schalotte
500 ml Weißwein
3 EL Crème fraîche
Salz, Pfeffer

Vorbereitung: 35 Minuten
Garzeit: 1 Stunde 20 Minuten

Die Scampi 2 Minuten in einem großen Topf in kochendem Salzwasser garen, abgießen und abschrecken.

Vier Scampi zum Garnieren beiseitelegen, die restlichen Scampi schälen.

Die Linsen abspülen, mit dem Thymian in einen Topf geben, mit reichlich Wasser bedecken und 30 Minuten kochen. Die Linsen 10 Minuten vor Ende der Garzeit salzen, dann fertig garen, abgießen und unter fließendem kaltem Wasser abschrecken.

Für den Fischfond die Möhre schaben und raspeln, die Zwiebel und die Schalotte schälen und fein schneiden. Das Gemüse mit 500 Milliliter Wasser, dem Weißwein und etwa zwölf Scampischalen und -köpfen in einen Topf geben, mit Salz und Pfeffer würzen und zugedeckt 40 Minuten bei schwacher Hitze köcheln lassen. Anschließend durch ein Sieb abgießen.

Die Scampi mit dem Fond im Mixer pürieren und mit der Crème fraîche und den Linsen in einen Topf geben. Die Suppe einige Minuten bei sehr schwacher Hitze erwärmen, dann auf vier Suppenschalen verteilen, mit den restlichen Scampi garnieren und sofort servieren.

Linsen „Apicius"

150 g grüne Puy-Linsen
3 Salbeiblätter
1 Zweig Thymian
120 g Esskastanien
30 g Butter
1 TL Kreuzkümmelsamen
2 EL Kastanienhonig
2 EL Balsamicoessig
1 kleines Bund Minze
Salz, Pfeffer

Vorbereitung: 15 Minuten
Garzeit: 25 Minuten

Die Linsen abspülen, in einen Topf geben und mit reichlich kaltem Wasser bedecken. Den Salbei und den Thymian hinzufügen und die Linsen 20 Minuten kochen. 10 Minuten vor Ende der Garzeit mit Salz würzen, dann fertig garen, abgießen und beiseitestellen.

Die geschälten Esskastanien in einer Pfanne 3 Minuten in der Butter anbraten. Den Kreuzkümmel, den Honig und den Essig hinzufügen, alles mit Salz und Pfeffer würzen und gut verrühren. Die Linsen dazugeben und 2 Minuten unter Rühren erhitzen. Den Topf vom Herd nehmen.

Die fein geschnittene Minze über die Linsen streuen und das Gericht sofort servieren. Gut dazu passt weißer Reis.

Kichererbsen

Im Wandel der Zeit

Im antiken Rom hatte jeder Bürger drei Namen: einen Familiennamen *(nomen)*, einen Vornamen *(praenomen)* und einen Beinamen *(cognomen)*. Nehmen wir zum Beispiel Marcus Tullius Cicero: Marcus ist der Vorname, den bereits der Vater oder ein Großvater trug. Tullius bedeutet so viel wie „aus der Familie der Tullii". Und der Beiname – Cicero (von *cicer* „Kichererbse") – spielte auf eine Besonderheit bei einem Vorfahren an. Gewiss haben Sie erkannt, dass von dem großen römischen Redner Cicero die Rede ist. Das erste Mitglied seiner Familie, dem man diesen Beinamen gab, hatte an seiner Nasenspitze eine Wucherung, die einer Kichererbse ähnelte. Der Beiname „Cicero" wurde von Generation zu Generation weitergegeben. Als Freunde dem jungen Studenten rieten, diesen unvorteilhaften Beinamen abzulegen, weil sie glaubten, er könne einer politischen Karriere im Weg stehen, erwiderte er trotzig, er werde den Namen Cicero noch berühmt machen. Und die Geschichte sollte ihm recht geben. Schließlich war es zur damaligen Zeit gar nicht so abwertend, jemanden „Kichererbse" zu nennen. Sagt man hingegen heute zu jemandem, sein Gehirn habe die Größe einer Erbse, heißt das, dass man nicht viel von ihm hält.

Ursprünglich in der Türkei und in Syrien beheimatet, wo es noch heute drei wild wachsende Arten gibt, ist die Kichererbse im Nahen Osten weitverbreitet. Im Wechsel mit Hartweizen angebaut sorgt sie für eine Verbesserung der trockenen Böden. Da sie dort ideale klimatische Voraussetzungen vorfindet, gedeiht die Kichererbse im gesamten Mittelmeerraum prächtig, und der getrocknete Same zeichnet sich durch lange Haltbarkeit aus. Kichererbsen werden deshalb in den unterschiedlichsten Zubereitungen zu beinahe jeder Mahlzeit gegessen. Die Kichererbse erfreut sich nicht nur großer Beliebtheit, auch ihr Anbau ist sehr ertragreich. Sogar als Fast Food dient die vielseitige Hülsenfrucht. So wird in manchen Gegenden Italiens noch heute die *farinata*, ein Fladen aus Kichererbsenmehl, auf der Straße zubereitet und verkauft. Im 19. Jahrhundert gab es in Genua mehr als dreihundert Verkaufsstände, die die Fladen anboten. Giulio Cappi, ein italienischer Agronom, der ein Buch über Hülsenfrüchte verfasste, bemerkte dort: „Wer das Glück hat, für seine Farinata berühmt zu werden, ist ein gemachter Mann, und man weiß von mehr als einem, der damit so viel Geld verdiente, dass er Häuser und Grundbesitz erwerben konnte – und nicht die kleinsten." Dabei drängt sich die Parallele zur Pizzeria auf, die gerade eine Renaissance erlebt, sodass sich jeder in der Hoffnung auf den großen Geldsegen als Pizzabäcker versucht. In Genua hat die Konkurrenz dem Geschmack dieses berühmten Gerichts gewiss nicht geschadet.

Doch die Kichererbse füllt nicht nur Geldbeutel und Mägen, sondern erweist sich mitunter auch als perfekter Ersatz. Als der Kaffee im 19. Jahrhundert mehr und mehr in Mode kam, mischte man ihn mit etwas Kichererbsenmehl, damit er weniger bitter schmeckte. Später, während der Notzeiten des Zweiten Weltkriegs, dienten die gerösteten Körner als Kaffee-Ersatz. Vielleicht war es die Erinnerung an diese schlimmen Zeiten, die dazu führte, dass die Kichererbse von unseren Tischen verschwand. Dass sie heute in Frankreich hier und da – zunächst in der Provence und später auch im Lauragais – wieder kultiviert wird, ist den Immigranten aus Nordafrika zu verdanken. Bleibt nur zu hoffen, dass ihr Vormarsch bei Poitiers nicht wieder ein Ende findet. ■

IM 19. JH. MISCHTE MAN KICHERERBSEN-MEHL UNTER DEN KAFFEE, DAMIT ER WENIGER BITTER SCHMECKTE.

Wissenswertes

/// Kichererbsen sind maximal ein Jahr haltbar. Danach werden sie hart und runzelig und dagegen hilft auch kein Einweichen. Achten Sie deshalb darauf, dass die Kichererbsen frisch sind, wenn Sie sie lose auf dem Markt kaufen.

/// Kichererbsen liefern Eiweiß, Kohlenhydrate, Ballaststoffe und etwa fünf Prozent Fette, was für eine Hülsenfrucht ein hoher Fettgehalt ist.

/// Aufgrund ihres wenig ausgeprägten Eigengeschmacks lässt sich die Kichererbse mit den unterschiedlichsten Zutaten kombinieren und eignet sich als Beilage zu den verschiedensten Gerichten.

/// **Kichererbsen sind ein hervorragender Folsäurelieferant.** Folsäure ist ein Vitamin, das am Aufbau sämtlicher Körperzellen beteiligt ist. Vor allem während des Wachstums und in der Schwangerschaft ist es deshalb besonders wichtig, auf eine ausreichende Versorgung mit Folsäure zu achten.

/// **Kichererbsen eignen sich hervorragend für eine cholesterinarme Diät.**

/// Die Samen der Kichererbse sind rund und unregelmäßig geformt. Manche Sorten sind teigig, andere haben einen sehr feinen und nussartigen Geschmack.

Kichererbsenmehl ist in Bioläden, gut sortierten Supermärkten oder indischen Lebensmittelgeschäften erhältlich.

Kichererbsen kann man frisch, geröstet oder gekocht essen. Die Sprossen werden roh gegessen.

Gegart werden Kichererbsen wie alle getrockneten Hülsenfrüchte (siehe Seite 41).

Kichererbsen sind besser verdaulich, wenn man das Häutchen, das die Erbse umschließt, entfernt. Nach dem Kochen lässt es sich ganz leicht abziehen.

Hummus mit geräucherter Dorschleber

120 g gekochte Kichererbsen
1 Dose (120 g) geräucherte Dorschleber
4 Zweige Zitronenthymian
Saft von 1 Zitrone
Sesam
Salz, Pfeffer

Zubereitung: 10 Minuten

Die Kichererbsen mit der Dorschleber und etwas Öl aus der Dose, den abgezupften Thymian-blättchen und dem Zitronensaft in den Mixer geben.

Sämtliche Zutaten cremig pürieren (gegebe-nenfalls noch etwas Kichererbsenwasser hinzufü-gen) und mit Salz und Pfeffer würzen.

Den Hummus in eine Schüssel füllen, mit Sesam bestreuen und kühl stellen.

Zum Aperitif auf Pitabrot oder geröstetem Brot servieren.

Sardinen-Acras

12 Sardinen (in Olivenöl eingelegt)
1 Knoblauchzehe
1/2 TL Chilipaste
Saft von 1/2 Zitrone
2 Schalotten
1 kleines Bund Petersilie
125 g Kichererbsenmehl
1/2 Päckchen Backpulver
1 Eiweiß
Öl zum Frittieren
Salz, Pfeffer

Vorbereitung: 25 Minuten
Garzeit: 15 Minuten
Kühlen: 20 Minuten

Die Sardinen von ihren Mittelgräten befreien, die Fische mit etwas Öl aus der Dose grob zerdrücken und mit dem durchgepressten Knoblauch, der Chilipaste, dem Zitronensaft, den geschälten und fein geschnittenen Schalotten und der fein gehackten Petersilie vermengen.

In einer Schüssel das Kichererbsenmehl mit dem Backpulver mischen und dann mit 100 Milliliter Wasser zu einem glatten Teig verrühren. Den Teig mit der Sardinenmischung vermengen, mit Salz und Pfeffer abschmecken und 20 Minuten kalt stellen.

Das Eiweiß steif schlagen. Das Öl in der Fritteuse oder in einem hohen Topf erhitzen.

Das Eiweiß vorsichtig unter die Fischmasse heben. Mit einem Löffel Klößchen von dem Teig abstechen und diese portionsweise 2–3 Minuten im sehr heißen Öl goldbraun frittieren. Anschließend auf Küchenpapier abtropfen lassen und warm stellen.

Die Sardinen-Acras sofort servieren.

Kichererbsensalat mit warmem Ziegenkäse

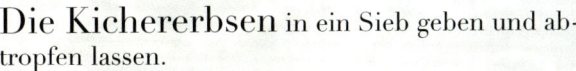

100 g gekochte Kichererbsen
3 weißfleischige Pfirsiche
6 EL Olivenöl
1/2 EL Himbeeressig
1 Salatherz
4 kleine runde Ziegenweichkäse (vorzugsweise
Crottin de Chavignol)
Currypulver
Paprikapulver
Fleur de Sel, Pfeffer

Vorbereitung: 20 Minuten
Garzeit: 6 Minuten

Die Kichererbsen in ein Sieb geben und abtropfen lassen.

Das Fruchtfleisch eines halben Pfirsichs durch ein feines Spitzsieb streichen, mit drei Esslöffeln Öl und dem Essig zu einer Vinaigrette verrühren und mit Salz und Pfeffer würzen.

Das Salatherz zerteilen, waschen und trocken schleudern. Die Haut von den restlichen Pfirsichen abziehen und die Früchte in Spalten schneiden. Die Salatblätter und die Pfirsichspalten mit der Hälfte der Vinaigrette anmachen und beiseitestellen.

Die Ziegenkäse auf ein Stück Pergamentpapier setzen, mit etwas Curry- und Paprikapulver bestreuen und 3 Minuten im 200 °C heißen Ofen backen.

Das restliche Öl im Wok oder einer Pfanne erhitzen und die Kichererbsen mit einem Teelöffel Currypulver 3 Minuten unter Rühren darin anbraten. Anschließend auf Küchenpapier abtropfen lassen und mit Salz und Pfeffer würzen.

Den Salat und die Kichererbsen auf vier Teller verteilen, darauf je einen Käse anrichten und mit der restlichen Vinaigrette beträufeln. Mit Pfeffer und Fleur de Sel bestreuen und servieren.

Erbsen,

Dicke Bohnen,
getrocknete Bohnen

Im Wandel der Zeit

Pythagoras rennt. Er rennt, ohne sich umzusehen, damit er nicht mit ansehen muss, wie seine Weisheitsschule ein Raub der Flammen wird. Und auch um seine Angreifer, die Anhänger des Tyrannen Cylon, nicht sehen zu müssen. Trotz seines Alters läuft er um sein Leben. Am Rand eines Bohnenfelds hält er unvermittelt inne. „Eher mit durchschnittener Kehle sterben, als hier durchzugehen."

Was aber schreckte ihn so sehr an der Dicken Bohne, der bescheidenen „Urmutter" aller Hülsenfrüchte, die die Menschen seit dem Neolithikum so gut ernährt hatte, dass diese sich zusehends weiterentwickelten? Nun, es war ihr schlechter Ruf: Die Ackerbohne galt als Reinkarnation der verstorbenen Seelen. Pythagoras wäre also Gefahr gelaufen, die Seelen all dieser Toten niederzutrampeln. Was die Geschichte allerdings verschweigt, ist die Tatsache, dass Pythagoras' Abneigung gegen Dicke Bohnen, von deren Genuss er stets abriet, vermutlich von den Verdauungsproblemen herrührte, die sie ihm verursachten.

Bis heute stellt sich die Frage, wie es gelingen kann, die Menschen wieder mit den Hülsenfrüchten anzufreunden, sodass sie ihre Vorbehalte überwinden und Hülsenfrüchte als hervorragende Nährstofflieferanten, die außerordentlich gesund sind, betrachten.

Seit Menschengedenken sind Hülsenfrüchte, gemeinsam mit dem Getreide, das Grundnahrungsmittel, mit dem es die großen Zivilisationen zu Fortschritt und Wohlstand brachten. In Amerika war dies vor allem die grüne Bohne, in Asien und Europa waren es die Dicke Bohne, die Erbse und die Linse. Tatsächlich waren Hülsenfrüchte, wissenschaftlich auch Leguminosen genannt, das erste wirkliche Gemüse. Denn das lateinische Wort *legumen* – von *legere* pflücken – bezeichnete jeden von einer Hülse umschlossenen essbaren Samen. Andere Gemüsearten wie Kohl, Zwiebel und Weiße Rübe wurden wegen ihres herben Geschmacks *esgrum* oder *aigrum* genannt. Kräuter, Wurzelgemüse und Salate fasste man unter dem Begriff Gemüsepflanzen zusammen.

Unter den Wohlhabenden, bei denen vorzugsweise Fleisch und Früchte auf den Tisch kamen, galten Hülsenfrüchte zu allen Zeiten als Armeleuteessen, gerade gut genug, um die Ärmsten recht und schlecht zu ernähren. Häufig fand man sie aber auch als einfache, sättigende Klosterspeise in den Refektorien mancher geistlicher Orden. Mit einer Mahlzeit aus getrockneten Hülsenfrüchten und Getreide werden dem Körper acht essenzielle Aminosäuren zugeführt. Hülsenfrüchte sind aber nicht nur reich an pflanzlichem Eiweiß, sondern weisen auch einen hohen Gehalt an Mineralstoffen, Spurenelementen und B-Vitaminen auf. Seit der Antike haben Milliarden von Menschen auf diese Weise Hungersnöte, schwere körperliche Arbeit und harte Winter überstanden.

Während der jährliche Pro-Kopf-Verbrauch an Hülsenfrüchten in Brasilien bei rund 26 Kilogramm liegt, kommt ein Deutscher lediglich auf etwa ein Kilogramm. Hatte der wachsende Lebensstandard in den westlichen Ländern doch zur Folge, dass in unserer Ernährung heute Fleisch und raffinierte Lebensmittel überwiegen, die nicht selten mitverantwortlich für Mangelerscheinungen und gesundheitliche Probleme sind. Doch seit Krebsforscher, Kardiologen und Ernährungswissenschaftler auf den engen Zusammenhang zwischen Ernährung und Wohlbefinden hinweisen, scheint sich eine Trendwende abzuzeichnen. Denn Hülsenfrüchte sind nicht nur ein preiswertes Lebensmittel mit hohem Nährwert, sondern tragen überdies zur Vorbeugung gegen Diabetes, Krebs, Herz-Kreislauf-Erkrankungen und Fettleibigkeit bei.

HÜLSENFRÜCHTE SIND PREISWERT, HABEN EINEN SEHR HOHEN NÄHRWERT UND HELFEN KRANKHEITEN VORZUBEUGEN.

Zum gesundheitlichen Aspekt muss sich jetzt nur noch der kulinarische Aspekt gesellen, damit wir wieder entdecken, was alles in ihnen steckt. Freuen Sie sich also auf ganz neue Gaumenfreuden ...

Wissenswertes

/// Sie haben eine lange Garzeit, sind schwer verdaulich, verursachen Blähungen – Hülsenfrüchte sind
mit allen möglichen Vorurteilen behaftet, und so
haben wir sie von unseren Tellern verbannt. Und
doch muss man nur zwei oder drei Kleinigkeiten wissen, um in den Genuss ihrer Vorzüge zu kommen.

/// **Beginnen Sie langsam und mit kleinen Mengen**
(etwa 30 Gramm pro Person) – und nicht gleich
mit einem Hauptgericht – und geben Sie bei-
spielsweise ein- oder zweimal pro Woche ein paar
Linsen oder eine Handvoll Bohnen in einen Salat
oder einige Trockenerbsen in eine Gemüsesuppe.

/// **Verursacher von Verdauungsstörungen ist die
Schale der Hülsenfrüchte.**
Greifen Sie also am besten auf geschälte Hülsenfrüchte (getrocknete, halbierte und geschälte
Erbsen und Bohnenkerne) oder Hülsenfrüchte mit
besonders zarter Schale (Flageolet-Bohnen, Linsen) zurück. **Und kauen Sie vor allem gründlich.**
Dickschalige Hülsenfrüchte verarbeiten Sie am
besten zu Pürees oder Suppen, denn durch das
feine Zerkleinern oder Passieren lässt sich ein Teil
der Schalen entfernen.

/// **Beim Keimen** erhöht sich nicht nur der Vitamingehalt der Hülsenfrüchte, es werden dabei auch die **langkettigen Kohlenhydrate, die Blähungen verursachen, in kurzkettige, vom Organismus leicht zu verwertende Kohlenhydrate umgebaut.** Die Hülsenfrüchte zwölf Stunden mit einer Prise Natron einweichen und anschließend gründlich abspülen.

/// Zugegeben, Hülsenfrüchte haben eine eher lange Garzeit und die meisten müssen vorher auch noch eingeweicht werden. Dafür bedürfen sie allerdings keiner weiteren Vorbereitung. Und sind sie erst einmal gekocht, **halten sie sich mehrere Tage im Kühlschrank, ohne an Nährstoffen und Geschmack einzubüßen.**

/// Hülsenfrüchte müssen zum Garen in kaltes Wasser gegeben und dann langsam und bei schwacher Hitze gekocht werden. Fügen Sie stets ein paar Kräuter (Thymian, Bohnenkraut, Salbei oder Rosmarin) hinzu. Sie wirken sich wohltuend auf den Darm aus und aromatisieren die Hülsenfrüchte. Hülsenfrüchte immer erst am Ende der Kochzeit salzen, damit sie beim Garen schön weich werden. ■

Thunfischtatar mit Bohnenbeignets

100 g weiße Riesenbohnen
50 g Mehl
1 Prise Natron
1 Ei
3 EL Milch
5 EL Olivenöl
Tabascosauce
½ Zitrone
1 kleines Bund Basilikum
500 g rotes Thunfischfilet

Die Bohnen 12 Stunden in einer großen Schüssel mit kaltem Wasser einweichen, anschließend abgießen, in einen Topf mit kaltem Wasser geben und 40 Minuten kochen. Am Ende der Kochzeit salzen, dann abgießen und abkühlen lassen.

Für den Ausbackteig das Mehl mit dem Natron mischen und mit dem Ei und der Milch verrühren. Den Teig mit Salz und Pfeffer abschmecken und kalt stellen.

Die Bohnen von den Häutchen befreien, auf einen tiefen Teller geben, mit zwei Esslöffeln Olivenöl und einigen Tropfen Tabascosauce beträufeln, mit Salz und Pfeffer würzen und 30 Minuten marinieren.

Die halbe Zitrone auspressen. Zwei Drittel der Basilikumblätter fein schneiden. Den Thunfisch klein würfeln und in einer Schüssel mit dem restlichen Olivenöl, einigen Tropfen Tabascosauce, dem Zitronensaft, der fein gewürfelten Tomate, den fein geschnittenen Zwiebeln und den fein geschnittenen Basilikumblättern vermengen. Mit Salz und Pfeffer abschmecken und kühl stellen.

Die Bohnen in den Ausbackteig geben und darin wenden, bis sie mit dem Teig überzogen sind. Im sehr heißen Öl portionsweise goldbraun frittieren, anschließend auf Küchenpapier abtropfen lassen und warm stellen.

Die restlichen Basilikumblätter einige Sekunden im heißen Öl frittieren und auf Küchenpapier abtropfen lassen.

Das Thunfischtatar und die Beignets auf vier Teller verteilen, mit den frittierten Basilikumblättern garnieren, mit Fleur de Sel bestreuen und servieren.

1 Tomate
2 weiße Zwiebeln
Öl zum Frittieren
Fleur de Sel, Pfeffer

Vorbereitung: 40 Minuten
Garzeit: 50 Minuten
Einweichen: 12 Stunden
Marinieren: 30 Minuten

Knusprige Teigschalen mit Flageolet-Bohnen

50 g geräucherter Bauchspeck
150 g Sahne
150 g Flageolet-Bohnen
1 Bouquet garni
4 Blätter Filoteig
25 g Butter, zerlassen
Salz, Pfeffer

Vorbereitung: 20 Minuten
Garzeit: 1 Stunde 5 Minuten
Ruhen: 24 Stunden
Einweichen: 12 Stunden

Den Speck fein würfeln. Die Sahne in einen Topf gießen, den Speck hinzufügen und das Ganze bei geringer Temperatur erhitzen. Sobald die Sahne zu kochen beginnt, den Topf vom Herd nehmen und die Sahne abkühlen lassen. Die abgekühlte Sahne mit dem Speck in eine Schüssel füllen und für 24 Stunden in den Kühlschrank stellen.

Die Bohnen 12 Stunden einweichen.

Die eingeweichten Bohnen mit dem Bouquet garni und den Speckwürfeln in einen großen Topf mit kaltem Wasser geben und in etwa 1 Stunde bei schwacher Hitze weich garen. 10 Minuten vor Ende der Kochzeit salzen, dann fertig garen und anschließend abgießen.

Die Sahne durch ein Sieb gießen, den Speck beiseitestellen, die Sahne steif schlagen. Vier Teelöffel Sahne beiseitestellen. Die restliche Sahne mit den Bohnen vermengen und warm stellen.

Die Filoteig-Blätter einmal zusammenfalten und mithilfe eines Backrings zu Schalen formen. Mit der Butter bepinseln und etwa 3 Minuten im 175 °C heißen Backofen goldbraun backen. Die Bohnen in die Teigschalen füllen, mit der beiseitegestellten Sahne garnieren und sofort servieren.

Samtsuppe aus weißen Bohnen mit Nordseegarnelen

200 g weiße Bohnen
1 Knoblauchzehe
1 Bouquet garni
300 g Nordseegarnelen, gekocht
1 Tomate
1 Schalotte
100 ml Weißwein
3 EL Crème fraîche
15 g Dulse (Rotalge)
2 EL Olivenöl
Salz, Pfeffer

Vorbereitung: 40 Minuten
Garzeit: 2 Stunden 20 Minuten
Einweichen: 12 Stunden

Die Bohnen 12 Stunden einweichen, anschließend mit der geschälten Knoblauchzehe und dem Bouquet garni in einen großen Topf mit kaltem Wasser geben. Langsam zum Kochen bringen und 2 Stunden bei schwacher Hitze köcheln lassen. Am Ende der Kochzeit salzen, dann abgießen und beiseitestellen.

Die Garnelen schälen. Die Schalen und die Garnelen kalt stellen.

Für den Fond die Garnelenschalen und -köpfe mit der geviertelten Tomate, der geschälten und fein geschnittenen Schalotte, dem Weißwein und 500 Milliliter Wasser in einen Topf geben, mit Salz und Pfeffer würzen, aufkochen, zudecken und 20 Minuten bei schwacher Hitze köcheln lassen.

Den Fond durch ein Sieb abgießen, die Bohnen hineingeben und pürieren. Die Crème fraîche unterrühren und die Suppe bei schwacher Hitze erwärmen.

Die Algen 3 Minuten in kaltem Wasser einweichen, abgießen, trocken tupfen und fein schneiden. Die geschnittenen Algen 2 Minuten in einer Pfanne im Olivenöl unter Rühren anbraten und anschließend auf Küchenpapier abtropfen lassen.

Die Samtsuppe auf vier Suppenschalen verteilen, mit den Garnelen und den Algen garnieren und sofort servieren.

Klößchen von Dicken Bohnen mit Ziegenkäse

200 g geschälte Dicke Bohnen
3 milde Zwiebeln
Saft von 1/2 Zitrone
4 kleine Ziegenweichkäse (vorzugsweise Picodon)
4 dünne Scheiben Parmaschinken
20 g Erdnüsse
Sesamöl von gerösteten Samen
Bockshornkleesprossen
Fleur de Sel, Pfeffer

Vorbereitung: 15 Minuten
Garzeit: 45 Minuten

Die Bohnen gründlich waschen, in einen Topf geben und mit reichlich Wasser bedecken. Dann 45 Minuten bei schwacher Hitze kochen. Dabei gelegentlich abschäumen. Kurz vor Ende der Garzeit die Bohnen salzen, dann abgießen und abkühlen lassen.

Die Bohnen mit den geschälten und fein geschnittenen Zwiebeln pürieren. Den Zitronensaft und vier Esslöffel Sesamöl hinzufügen, das Püree mit Salz und Pfeffer abschmecken und kalt stellen.

Jeden Ziegenkäse mit einer Scheibe Schinken umwickeln.

Die Erdnüsse grob hacken.

Vom Bohnenpüree mithilfe von zwei Esslöffeln Klößchen abstechen und auf jedem Teller jeweils zwei Bohnenklößchen mit einem Ziegenkäse anrichten. Mit den gehackten Erdnüssen und den Bockshornkleesprossen bestreuen.

Das Gericht mit etwas Sesamöl beträufeln, mit Fleur de Sel und Pfeffer bestreuen und servieren. Gut dazu passt ein Löwenzahnsalat.

Kaninchenterrine
mit Erbsen

100 g geschälte Trockenerbsen
2 Kaninchenkeulen
20 g Butter
100 ml Weißwein
1 Bouquet garni
2 Eier
3 EL Crème fraîche
3 EL Pistazienöl (ersatzweise Sesamöl)
40 g Pistazien
Salz, Pfeffer

Vorbereitung: 30 Minuten
Garzeit: 2 Stunden

Die Erbsen gründlich waschen, in einen Topf geben, mit reichlich kaltem Wasser bedecken und langsam zum Kochen bringen. Dann 75 Minuten bei schwacher Hitze kochen und abgießen.

In einem Schmortopf die Kaninchenkeulen in der Hälfte der Butter anbraten, mit Salz und Pfeffer würzen und mit dem Wein ablöschen. Das Bouquet garni hinzufügen und die Keulen zugedeckt 1 Stunde bei schwacher Hitze garen. Das Fleisch anschließend klein schneiden.

In einer Schüssel die Eier mit dem Schneebesen kräftig mit der Crème fraîche und dem Pistazienöl verschlagen und mit Salz und Pfeffer abschmecken. Das Fleisch, die Erbsen und die Pistazien dazugeben.

Die Mischung in eine mit Butter eingefettete Terrinenform füllen und 45 Minuten im 175 °C heißen Backofen garen.

Die Terrine heiß, warm oder kalt servieren. Gut dazu passt ein grüner Blattsalat.

Miesmuschelragout mit Erbsen

180 g geschälte Trockenerbsen
1,5 kg Miesmuscheln
100 ml Weißwein
1 Schalotte
5 Stängel Petersilie
200 g Sahne
2 Eigelb
1 TL Kreuzkümmelsamen
Salz, Pfeffer

Vorbereitung: 30 Minuten
Garzeit: 1 Stunde 20 Minuten

Die Erbsen gründlich waschen, in einen Topf geben, mit reichlich Wasser bedecken und bei schwacher Hitze garen. Nach 35 Minuten die Erbsen salzen und dann acht Esslöffel Erbsen abnehmen und beiseitestellen. Die restlichen Erbsen etwa 30 Minuten weitergaren, bis sie zerfallen sind. Anschließend abgießen und zur Seite stellen.

Die Muscheln abbürsten und waschen. Offene Exemplare, die sich beim Dagegenklopfen nicht schließen, aussortieren. Die Muscheln mit dem Weißwein, der Schalotte und der fein geschnittenen Petersilie in einen Topf geben, mit Salz und Pfeffer würzen und etwa 5 Minuten bei starker Hitze kochen, bis sie sich geöffnet haben. Den Topf vom Herd nehmen und noch geschlossene Muscheln wegwerfen. Das Muschelfleisch auslösen und beiseitestellen, die Kochflüssigkeit durch ein Sieb gießen.

Die Sahne in einem Topf bei niedriger Temperatur mit den zerkochten Erbsen und dem Kochsud der Muscheln erhitzen, aber nicht aufkochen. Die Eigelbe einige Minuten kräftig mit dem Schneebesen einrühren, um das Ganze zu binden.

Die Muscheln, die restlichen Erbsen und den Kreuzkümmel hinzufügen, das Ragout noch einmal 3 Minuten durchwärmen und servieren.

Sojabohnen

und Erdnüsse

Im Wandel der Zeit

Kaiser Li Chin fand einen verletzten Affen, der sterbend unter einem Baum lag. Der Kaiser befahl, den Affen unverzüglich in den Palast zu bringen und seine Wunden zu versorgen. Das Tier wurde wieder gesund und dankte dem Kaiser mit den Worten: „Ich, der König der Affen, werde Euch Euren größten Wunsch erfüllen." Li Chin erwiderte, er wünsche sich, dass sein Volk nie mehr unter einer Hungersnot leiden müsse. So gab ihm der König der Affen die Sojabohne, Ta Teou, das große Korn. Der Kaiser nahm sie und legte sie zu den vier heiligen Körnern: dem Reis, dem Weizen, der Gerste und der Hirse.

Schon bald erkannte das chinesische Volk, welches Glück ihm mit diesem Korn beschert worden war. Denn es gedieh selbst auf kargen oder ausgelaugten Böden und sorgte dafür, dass sie sich wieder regenerierten. Überdies konnte man daraus eine Vielzahl schmackhafter, außerordentlich gesunder Speisen zubereiten. Die Samen der Sojabohne sind in der Regel gelb, mitunter auch braun oder violett. Aus den unreifen Samen entwickeln sich Sprossen, die denen der Mungobohne, *Phaseolus mungo*, ähneln, weshalb diese häufig fälschlich als Sojabohnensprossen bezeichnet werden.

Die Sojabohne erfreut sich großer Beliebtheit

und wird auch verehrt. Will man etwa sichergehen, dass einen das Glück ein ganzes Jahr nicht verlässt, isst man so viele geröstete Samen, wie man Lebensjahre zählt. Ob als Mehl, als Getränk, als Sauce, als Öl ..., die Sojabohne ist Bestandteil jeder Mahlzeit. Doch zurück zur Geschichte: Eines schönen Tages im Jahr 164 v. Chr. entdeckte der chinesische Prinz Liu-An zufällig den Tofu. Der Prinz, der sich für die Alchimie begeisterte, soll Sojamilch mit Meersalz gemischt haben. Das darin enthaltene Magnesiumchlorid ließ die Milch gerinnen, und schon hatte er Sojaquark, den er *dofu*, wörtlich „in einem Gefäß geformt", nannte.

Nachdem sich die Sojabohne zunächst in Indien und im Fernen Osten verbreitete, gelangte sie schließlich Mitte des 18. Jahrhunderts, vor allem durch Missionare, nach Europa, wo man sie allerdings zunächst den Zierpflanzen zuordnete. Von dort aus soll sie im Jahr 1804 mit einem amerikanischen Klipper über den Atlantik gelangt sein, der sich auf dem Rückweg von China befand und große Mengen Sojabohnen als Ballast geladen hatte. In Amerika wurde sie von Farmern aus Illinois entdeckt, die bald erkannten, dass die Sojabohne eine hervorragende Futterpflanze war. Erst Anfang des 20. Jahrhunderts, als man bemerkte, was noch alles in dieser Hülsenfrucht steckt, begann man, sie in großem Stil zu kultivieren. Ist sie doch unter anderem die ideale Fruchtwechselpflanze für Baumwollfelder – wie auch die Erdnuss.

Doch reicht diese Gemeinsamkeit aus,

um beide Pflanzen ein und derselben Kategorie zuzuordnen? Schließlich stammt die Sojabohne aus China, und die Erdnuss kommt aus Südamerika, aus den tropischen Regionen im Süden Brasiliens.

Die geografische Herkunft teilen sie nicht,

aber die botanische. Denn beide Pflanzen gehören zur großen Familie der Hülsenfrüchtler, die heute weltweit am meisten kultiviert werden, und beide gelten als wirksame Waffe im Kampf gegen den Hunger. Es ist zu erwarten, dass in einigen Jahrzehnten die Weltbevölkerung auf mehr als 10 Milliarden Menschen angewachsen sein wird. Um all diese Menschen zu ernähren, wird man verstärkt auf pflanzliche und weniger auf tierische Proteine und Fette zurückgreifen müssen. Ist es doch nicht nur einfacher und rentabler, die Menschen direkt mit den Pflanzen zu ernähren, anstatt Tiere damit zu füttern, die wiederum die Menschen ernähren. Es ist auch die ökologisch am ehesten vertretbare Alternative. Drei Gründe sprechen dafür, dass Erdnuss und Sojabohne dieser großen Herausforderung am besten gewachsen sind. →

GEMEINSAM MIT DER ERDNUSS IST SIE DIE IDEALE FRUCHT-WECHSEL-PFLANZE FÜR BAUMWOLL-FELDER.

DAMIT EINEN
DAS GLÜCK EIN
GANZES JAHR
NICHT VER-
LÄSST, ISST
MAN SO VIELE
GERÖSTETE
SOJABOHNEN,
WIE MAN
JAHRE ZÄHLT.

Da ist zum einen ihr beachtlicher Nährwert.

Aufgrund ihres hohen Fettgehalts ist die Erdnuss ein idealer Energielieferant. Darüber hinaus ist sie reich an Vitamin E, Vitamin B6, Eiweiß, Kalium, Magnesium, Phosphor und Calcium. Die Sojabohne wiederum zeichnet sich neben ihren zahlreichen Vorzügen durch einen besonders hohen Eiweißgehalt aus und eignet sich, da sie alle für den Menschen essenziellen Aminosäuren enthält, hervorragend als Fleischersatz.

Da ist zum zweiten ihre Vielseitigkeit.

Lassen sich doch aus Sojabohnen und Erdnüssen nicht nur die unterschiedlichsten Gerichte zubereiten, die verschiedenen Teile der Pflanzen eignen sich darüber hinaus für die verschiedenartigsten Verwendungen. So entdeckte der amerikanische Botaniker George Washington Carver mehr als dreihundert Verwendungsmöglichkeiten für die Erdnuss, vom Brennstoff über Schuhcreme bis zur Rasiercreme.

Und schließlich tragen Erdnuss und Sojabohne

zur Verbesserung der Bodenqualität bei. Indem sie nämlich mit dem Bakterium *Rhizobium* eine Symbiose eingehen, wandeln Hülsenfrüchte den Luftstickstoff in Ammonium um, das sie wiederum für ihr Wachstum einsetzen. Dadurch kann man auf den Einsatz von Düngemitteln verzichten und die Fruchtbarkeit der Böden wird wiederhergestellt, wenn man Hülsenfrüchte im Wechsel mit Pflanzen wie Getreide anbaut, die den Boden auslaugen.

Sojabohne und Erdnuss sehen also rosigen Zeiten entgegen. Dass die Sojabohne dabei derzeit noch als Star im Vordergrund steht, während die noch weitgehend unentdeckte Erdnuss auf ihren Auftritt wartet, mag an ihrer botanischen Besonderheit liegen. Die Azteken nannten sie *tlaltacahualt*, „Kakao der Erde", weil die Blütenstiele nach der Bestäubung der Blüten nach unten wachsen und sich schließlich vollständig in den Boden bohren, sodass die Hülsen mit den Samen unter der Erde reifen.

Blüten, die sich dem Blick des Menschen entziehen, um seiner Begehrlichkeit oder der Manipulation zu entgehen? Die Zukunft wird zeigen, ob dieser aufsteigende Stern unter den Hülsenfrüchten seine Blütenkrone eines Tages doch noch dem Licht zuwenden wird ...

Wissenswertes

Die Sojabohne genießt nicht zu Unrecht den Ruf einer wertvollen Nähr- und Heilpflanze. Über die **außergewöhnlichen Eigenschaften** dieser Exotin sind sich die Wissenschaftler auf der ganzen Welt einig. Dass sie vielen Krankheiten vorbeugen und sie sogar heilen kann, ist vielfach belegt – und es kommen immer wieder neue positive Erkenntnisse hinzu.

Um Blähungen zu vermeiden, müssen die gekeimten Samen vor dem Verzehr von den Häutchen befreit werden.

Zur Herstellung von Sojasauce fermentiert man die gemahlenen Sojabohnen mit Wasser und Meersalz. Verwenden Sie sie nach Lust und Laune in Brühen, Vinaigrettes, Saucen, zum Ablöschen … Sojaöl darf nicht erhitzt werden. Nehmen Sie es deshalb ausschließlich zum Würzen.

Ganz anders die Erdnuss, die nicht gerade im Ruf steht, gesund zu sein. Gilt sie doch als Allergieauslöser und Dickmacher. **Dennoch ist sie ein ausgezeichneter Lieferant von Mineralstoffen, Eiweiß und Ballaststoffen.** **Man kann sie im Ganzen, zerstoßen, gemahlen, als Mus … verwenden,** aber in Maßen und vor allem nicht gleich handvollweise zum Aperitif.

Erdnüsse sind aromatischer und besser verdaulich, wenn man sie vor dem Verzehr ohne Fett röstet.

Raffiniertes Erdnussöl ist geschmacksneutral und lässt sich stark erhitzen. ◾

Glasnudeln
mit Haselnussmilch

1 l Haselnussmilch (siehe Seite 76)
100 g Glasnudeln
4 EL Mungobohnensprossen
20 g Haselnussbutter (siehe Seite 126)
Einige Stängel Koriandergrün
Salz, Pfeffer

Vorbereitung: 10 Minuten
Garzeit: 10 Minuten

Die Haselnussmilch in einem Topf aufkochen und salzen. Die Glasnudeln hineingeben und die Milch noch einmal aufkochen lassen.

Den Topf vom Herd nehmen, die Nudeln mit einer Gabel voneinander trennen, zudecken und 5 Minuten ruhen lassen.

Die Nudeln auf vier Schalen verteilen, mit den Bohnensprossen, der Butter und dem fein geschnittenen Koriandergrün garnieren, etwas Pfeffer darübermahlen und die Nudeln sofort servieren.

Carpaccio im Chicoréeschiffchen mit Sojasprossen

200 g Rinderfilet
50 g Sojasprossen
2 Chicorée
3 EL Sojaöl
1 EL Balsamicoessig
1 EL Sojasauce
1 TL Sesam
Einige Halme Schnittlauch
Einige Stängel Koriandergrün
Fleur de Sel, Pfeffer

Zubereitung: 15 Minuten

Das Rinderfilet anfrieren lassen und in hauchdünne Scheiben schneiden oder dies bereits vom Metzger erledigen lassen.

Die Sojasprossen und den Chicorée kurz unter fließendem kaltem Wasser waschen und auf Küchenpapier abtropfen lassen.

Aus dem Öl, dem Essig, der Sojasauce, dem Sesam, Salz und Pfeffer eine Vinaigrette herstellen.

Die Chicoréeblätter ablösen und jedes Blatt mit Rindfleisch und Sojasprossen belegen.

Die Chicoréeschiffchen mit der Vinaigrette beträufeln, mit den fein geschnittenen Kräutern bestreuen und servieren.

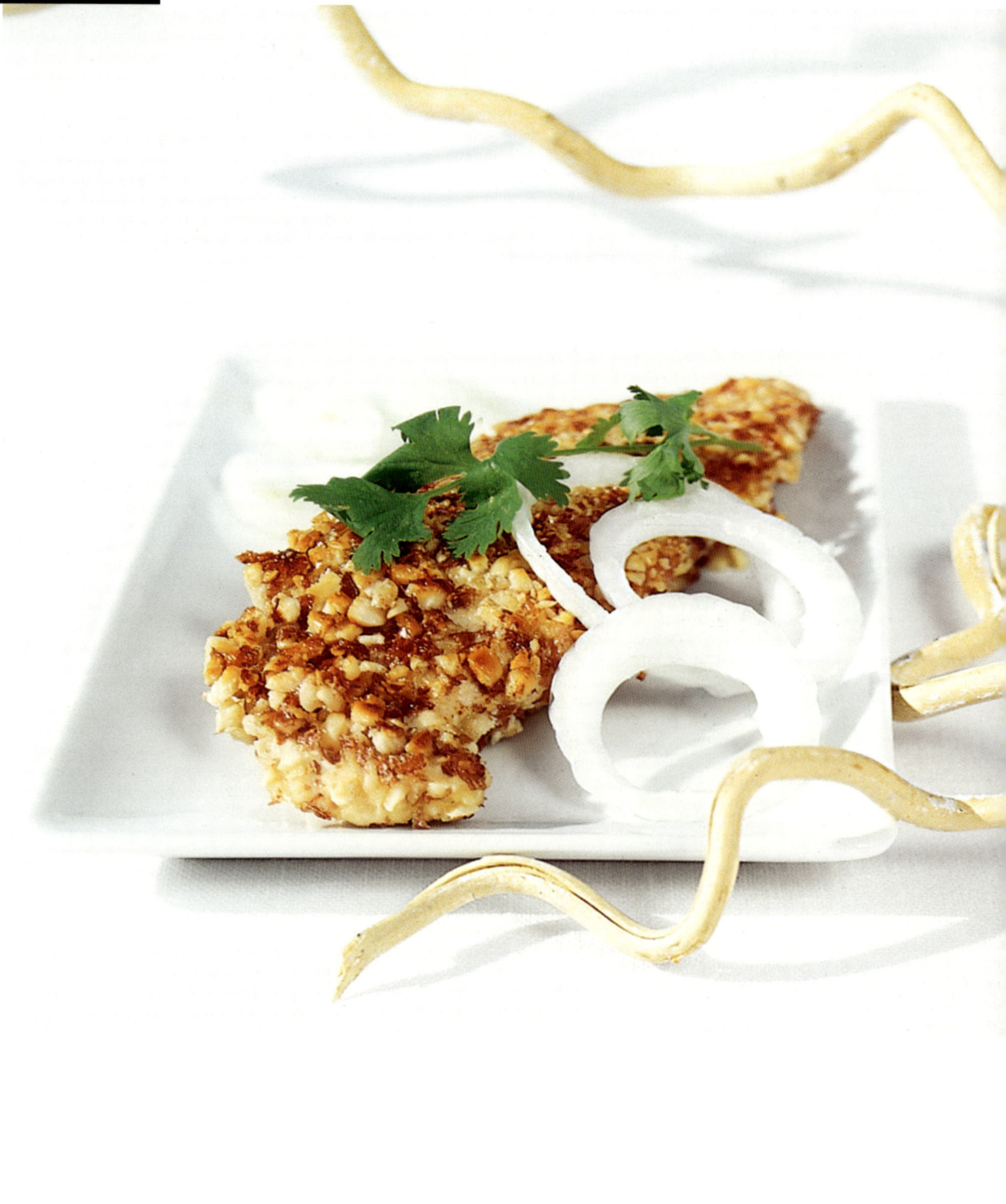

Hähnchenschnitzel mit Erdnusspanade

200 g Erdnüsse, ohne Fett geröstet
1 Ei
1 EL Senf
1 EL Crème fraîche
1 kleines Bund Koriandergrün
4 junge weiße Zwiebeln
4 dünne Hähnchenschnitzel
2 EL Erdnussöl
Salz, Pfeffer

Vorbereitung: 15 Minuten
Garzeit: 10 Minuten

Die Erdnüsse grob hacken und auf einen Teller geben.

Das Ei, den Senf und die Crème fraîche in einem tiefen Teller kräftig mit dem Schneebesen verschlagen und mit Salz und Pfeffer würzen. Das Koriandergrün waschen und fein schneiden. Die Zwiebeln in Ringe schneiden.

Die Schnitzel zunächst im Ei und anschließend in den Erdnüssen wenden.

Das Öl in einer Pfanne erhitzen und die Schnitzel auf jeder Seite 5 Minuten braten.

Die Schnitzel auf einer Platte anrichten, mit dem Koriander und den Zwiebelringen bestreuen und sofort servieren. Gut dazu passt Brokkolipüree

Sellerierösti
mit Erdnüssen

350 g Knollensellerie
50 g Erdnüsse, ohne Fett geröstet
30 g Butter, zerlassen
1 EL Kartoffelstärke
4 Eiweiß
Erdnussöl
Salz, Pfeffer

Vorbereitung: 25 Minuten
Garzeit: 20 Minuten

Den Sellerie schälen und raspeln. Den Sellerie, die Erdnüsse, die zerlassene Butter und die Kartoffelstärke mischen und mit Salz und Pfeffer würzen.

Die Eiweiße mit einer Gabel schaumig schlagen, zur Selleriemischung geben und alles miteinander vermengen.

Etwas Erdnussöl in einer Pfanne erhitzen, die Selleriemischung in kleinen Häufchen hineingeben, mit einem Löffel flach drücken, auf beiden Seiten 5 Minuten braten und anschließend warm stellen.

Die restlichen Rösti ebenso zubereiten. Die Sellerierösti sofort servieren. Gut dazu passt ein grüner Blattsalat.

Karamellisierte Äpfel
mit Erdnüssen und Baiserhaube

4 Äpfel
170 g Zucker
50 g Erdnüsse, ohne Fett geröstet
10 g Butter
1 Eiweiß

Vorbereitung: 20 Minuten
Garzeit: 55 Minuten

Von jedem Apfel einen Deckel abschneiden und das Kerngehäuse entfernen. Die Äpfel in eine Auflaufform setzen. Den Backofen auf 200 °C vorheizen.

120 Gramm Zucker mit einem Esslöffel Wasser bei schwacher Hitze karamellisieren lassen.

Sobald der Karamell fertig ist, die Nüsse unterrühren und die Äpfel sofort mit Nusskaramell füllen. Dann die Butter und den restlichen Karamell in die Form geben.

Das Eiweiß steif schlagen, den restlichen Zucker unterschlagen und den Eischnee beiseitestellen.

Die Äpfel 15 Minuten im Backofen braten. Die Form aus dem Ofen nehmen und die Temperatur auf 150 °C herunterschalten.

Die Baisermasse auf den Äpfeln verteilen, die Äpfel weitere 40 Minuten im Ofen backen und danach sofort servieren.

Pistazien,
Mandeln, Pinienkerne

Im Wandel der Zeit

„Und der Herr redete mit Mose und sprach: Rede mit den Kindern Israel und nimm von ihnen zwölf Stäbe, von jedem Fürsten ihrer Sippe je einen. [...] Und lege sie in der Stiftshütte nieder vor der Lade mit dem Gesetz ... Und wen ich erwählen werde, dessen Stab wird grünen ... Mose redete mit den Kindern Israel, und alle ihre Fürsten gaben ihm zwölf Stäbe, ein jeder Fürst je einen Stab, nach ihren Sippen [...] Am nächsten Morgen, als Mose in die Hütte des Gesetzes ging, fand er den Stab Aarons [...] grünen und die Blüte aufgegangen und Mandeln tragen." [4. Mose 17, 17–23] So wurde der Mandelzweig zum Führerstab, zum Zeichen der Autorität und machte Aaron zu einem Auserwählten, der im Namen des Volkes mit Gott sprach.

Doch die Zweige des Mandelbaums bergen noch andere Symbole in sich. Denn als der vermutlich in Asien beheimatete Baum den Mittelmeerraum eroberte, entspannen sich in den großen Kulturen der Ägypter, Römer und Grie-

chen zahlreiche Mythen und Geschichten um ihn. In Griechenland etwa erklärte man sich eine botanische Besonderheit – die
Tatsache, dass der Mandelbaum blüht, bevor er Blätter trägt – mit
der Legende von Phyllis und Demophon: Phyllis hatte sich in den
schönen Demophon verliebt. Aber ach! Der Geliebte musste in
den Trojanischen Krieg ziehen. Phyllis verzehrte sich vor Sehn-
sucht und starb schließlich vor Kummer. Ihr Schicksal erregte das
Mitleid der Göttin Hera, und sie verwandelte Phyllis in einen Mandelbaum: Die Füße wurden zu Wurzeln, der Körper zu Rinde und
die Haare zu Zweigen. Bei seiner Rückkehr umarmte Demophon
den Stamm und spürte, wie unter der Rinde das Herz der Gelieb-
ten schlug. Und als er den Baum küsste, erschien überall dort, wo
er ihn küsste, eine Blüte.

Die wunderschönen, zarten Blüten sind allerdings außerordentlich
empfindlich. Und da der Mandelbaum zu den ersten Frühlingsbo-
ten zählt, können die Blüten leicht dem Frost zum Opfer fallen.
Das ist auch der Grund, weshalb er heute etwa in Frankreich so
gut wie nicht mehr kultiviert wird. Man versucht jedoch, eine neue
Varietät anzusiedeln, die resistenter gegen Parasiten ist und später
blüht. Ob man für sie wohl einen ebenso hübschen Namen finden
wird wie für ihre Schwestern, die man Floquette oder Princesse –
eine Mandel, deren Schale so zart war, dass selbst eine schwache
Frau sie mühelos knacken konnte – getauft hatte?

Der Mandelbaum gehört wie der Pfirsichbaum zur Familie der

Rosaceae (Rosengewächse). Einem kleinen, flaumigen unreifen
Pfirsich ähnelt die Mandel im Entwicklungsstadium. Wenn die
Frucht reif ist, platzt die dünne, trockene Fruchtschale auf und der
aus zwei Mandeln bestehende Kern wird sichtbar. Doch Vorsicht:
Nur Süßmandeln sind zum Verzehr geeignet. Bittermandeln
enthalten wie die Mandeln in Pfirsich- und Aprikosenkernen die
hochgiftige Blausäure. Angeblich genügen etwa sechzig Bittermandeln, um einen Menschen zu töten. Bittermandeln werden
deshalb ausschließlich zur Herstellung von Mandelöl verwendet,
das in der Kosmetik sehr geschätzt wird, denn es macht die Haut
wunderbar zart. In kleinen Mengen verwendet man Bittermandel-
öl außerdem für Feingebäck und Süßwaren. Die Süßmandel dagegen ist die Grundlage einer ganzen Palette von Genüssen, wie
Mandelkonfekt, Cremes, Gebäck ...

Gesellt sich dann womöglich auch noch die Pistazie hinzu, kann man regelrecht in orientalischen

Gaumenfreuden schwelgen. Auch diese zarte, schmackhafte ölhal-
tige Steinfrucht wird in der Bibel erwähnt, als Jakob seinem Sohn
Joseph den Rat gibt: „Nehmt das Beste, was unser Land zu bieten
hat, in eurem Gepäck mit und bringt es ihm als Gastgeschenk mit.
Das heißt, packt Balsamharz, Traubenhonig, Tragakantharz und ➡

SO WURDE DER
MANDELZWEIG
ZUM FÜHRERSTAB,
ZUM ZEICHEN
DER AUTORITÄT.

PINIENKERNE HABEN NICHT NUR DIE ITALIENISCHE KÜCHE GEPRÄGT.

Ladanum, Pistazien und Mandeln ein." [1. Mose 43, 11] – eine Aufzählung, die einen unweigerlich an Kanaan, das Land, in dem Milch und Honig fließt, denken lässt. Und die Pistazie eignet sich durchaus nicht nur für Süßspeisen, sondern wird in der orientalischen Küche auch für Saucen, zum Verfeinern von Reis, Gemüse und Fleisch verwendet. Durch die Römer verbreitete sich die Pistazienkultur im gesamten Mittelmeerraum: in der Türkei, in Griechenland, in Syrien und im Iran, dem heute weltweit führenden Erzeuger. Bis vor Kurzem wurde sie sogar in der Provence kultiviert. Daher kommt auch der französische Ausdruck *prendre une pistache* für „sich berauschen". Werden mit dem Harz des Mastixstrauchs, der ebenfalls zur Gattung der Pistazien zählt, doch Alkoholika aromatisiert. Und wer in Marseille als *pistachier*, das heißt als Schürzenjäger, bezeichnet wird, der hat vielleicht ein bisschen zu viel davon getrunken. Oder sollte es an der aphrodisischen Wirkung liegen, die man der Pistazie nachsagt? Eine Wirkung, die vielleicht noch dadurch verstärkt wurde, dass man Pistazien mit Pinienkernen kombinierte ...

Und an Schirmpinien, deren Kerne seit dem Mittelalter als Potenzmittel empfohlen werden, mangelt es im Mittelmeerraum nicht. Ob sie ihre Wirkung getan haben, ist nicht bekannt, fest steht jedoch, dass Pinienkerne mit ihrem außerordentlich hohen Gehalt an Kalium, Magnesium, Eisen und Kupfer wahre Kraftpakete sind, mit denen sich Ermüdungserscheinungen aller Art bekämpfen lassen. Trotz der beschwerlichen Ernte und ihres hohen Preises verwendet man sie deshalb im Mittelmeerraum reichlich. Vor allem die Italiener, die sie im Mörser mit Knoblauch, Parmesan, Basilikum und Olivenöl zerstoßen, um daraus ihr berühmtes Pesto herzustellen.

Pinienkerne haben jedoch nicht nur die italienische Küche geprägt, sie trugen auch dazu bei, dass das Land zu einer gemeinsamen Sprache fand. „Es war einmal ... ein Stück Holz." Der Holzschnitzer Geppetto machte daraus eine Marionette, die er Pinocchio taufte, was in der Toskana, der Heimat von Carlo Collodi, von dem die Geschichte stammt, „kleiner Pinienkern" bedeutet. Seit dem 14. Jahrhundert sprach jede italienische Region ihren eigenen Dialekt, auch wenn das Florentiner Toskanisch als Schriftsprache diente. Durch den großen Erfolg, den die Puppe bei allen italienischen Kindern hatte, änderte sich das allmählich und das Toskanische wurde zur Nationalsprache.

Es war einmal die Königin der mediterranen Nüsse... Nein, es gab drei davon! Mandel, Pistazie und Pinienkern, vereint im provenzalischen *nougat*, das man traditionell an Weihnachten isst. Wenn sich Genuss mit wohltuender Wirkung paart, dann ist das ein wahres Geschenk! ◼

Wissenswertes

Die drei Nüsse **mit ihren Ballaststoffen und Mineralstoffen haben eine hohe Nährstoffdichte**. Aufgrund ihres Fettgehalts **sind sie zudem ausgesprochen kalorienreich**. Es sind allerdings keine leeren Kalorien. **Genießen Sie sie, sooft Sie mögen, aber nur in kleinen Mengen**, etwa indem Sie sie über Salate, Müslis oder Desserts streuen.

Wie alle ölhaltigen Nüsse **sind auch Mandeln, Pistazien und Pinienkerne nicht lange haltbar und werden relativ schnell ranzig**. Lagern Sie sie kühl und verbrauchen Sie sie möglichst rasch. Mandel- und Pistazienöl eignen sich hervorragend, um den Geschmack von gegrilltem Fisch oder Reis zu unterstreichen.

Mandeln sind reich an Proteinen (was für Früchte eigentlich ungewöhnlich ist) und Vitamin E.

Eine kleine Handvoll Mandeln, Pistazien und Pinienkerne und dazu ein Apfel – und schon haben Sie einen ausgewogenen Imbiss.

Mandel-, Pinienkern- und Pistazienöl bekommen Sie in Bioläden und orientalischen Lebensmittelgeschäften. **Sie haben ein feines Aroma, und man braucht nur ein paar Tropfen**, um ein Gericht damit zu aromatisieren. Kaufen Sie möglichst kleine Flaschen, lagern Sie sie kühl und verbrauchen Sie das Öl möglichst rasch. ■

Mandelmilch

50 g gemahlene Mandeln
800 ml Mineralwasser
200 ml Milch

Vorbereitung: 5 Minuten
Ruhen: 24 Stunden

Die Mandeln mit dem Wasser in eine Flasche füllen und 24 Stunden kalt stellen. Dabei gelegentlich umrühren. Das Wasser anschließend durch ein Sieb gießen, die Milch dazugeben und die Mandelmilch kalt stellen.

Die Mandelmilch ist etwa eine Woche haltbar. Sie eignet sich zum Kochen von Nudeln, zum Pochieren von Fisch, für Suppen ... Oder leicht gesüßt zum Trinken oder zur Zubereitung von Milchreis.

Auf die gleiche Weise lässt sich auch Hasel- oder Walnussmilch herstellen: Die gemahlenen Mandeln dafür einfach durch gemahlene Hasel- oder Walnüsse ersetzen.

Caldo verde
mit Mandelmilch

50 g Rauchmandeln
200 g Kartoffeln
1 l Mandelmilch (siehe Seite 76)
1/2 Wirsing
Mandelöl oder Sesamöl von gerösteten Samen
Salz, weißer Pfeffer

Vorbereitung: 15 Minuten
Garzeit: 35 Minuten

Die Mandeln grob hacken und 2 Minuten ohne Zugabe von Fett unter Rühren in einer Pfanne rösten. Beiseitestellen.

Die Kartoffeln schälen, in Stücke schneiden, mit der Mandelmilch in einen Topf geben und etwa 20 Minuten kochen. Anschließend mit Salz und Pfeffer würzen und die Kartoffeln in der Milch fein zerstampfen.

Die äußeren Kohlblätter entfernen. Die restlichen Blätter von den harten Blattrippen befreien, in Streifen schneiden und 5 Minuten in kochendem Salzwasser blanchieren. Den Wirsing abgießen und das Wasser gründlich aus den Blättern herausdrücken.

Die Wirsingstreifen unter die Mandel-Kartoffel-Milch mischen und das Ganze 5 Minuten bei schwacher Hitze garen.

Die Caldo verde auf vier Schalen verteilen und die Rauchmandeln darüberstreuen. Alles mit etwas Mandel- oder Sesamöl beträufeln, etwas Pfeffer darübermahlen und das Gericht sofort servieren.

Mandelpesto

50 g Parmesan
1 Bund Schnittlauch
100 g Mandelkerne
3 EL Mandelöl oder Sesamöl von gerösteten Samen
80 g getrocknete Tomaten

Zubereitung: 10 Minuten

Den Parmesan reiben. Den Schnittlauch waschen und in Röllchen schneiden. Die Mandeln mit dem Mandel- oder Sesamöl, den Tomaten und dem Parmesan im Mixer grob pürieren. Den Schnittlauch unterheben – und schon ist das Pesto fertig!

Das Mandelpesto schmeckt zu Nudeln, Getreideprodukten, Fleisch und Fisch. Mit Öl bedeckt ist es im Kühlschrank zwei Wochen haltbar.

Kirschenmichel

400 g Sauerkirschen, entsteint
4 EL Amaretto
2 Milchbrötchen
200 ml Milch
100 g Mandelkerne
120 g Zucker
4 Eier
40 g Butter

Vorbereitung: 25 Minuten
Marinieren: 20 Minuten
Backzeit: 45 Minuten

Die Kirschen mit dem Amaretto in eine Schüssel geben und 20 Minuten marinieren. Dabei gelegentlich umrühren.

Die Milchbrötchen in Stücke zupfen, in eine Schüssel geben, mit der Milch übergießen und die Stücke, sobald sie die Milch aufgesogen haben, mit einer Gabel zerdrücken.

Die Mandeln grob hacken und mit dem Zucker und den Eiern zu den Brötchen geben. Die Zutaten verrühren und anschließend vorsichtig die Kirschen unterheben.

Eine Auflaufform mit der Butter gut fetten. Den Teig in die Form füllen und 45 Minuten im 175 °C heißen Backofen backen. Den Kirschenmichel lauwarm oder kalt servieren.

Knuspriges Mandeleis

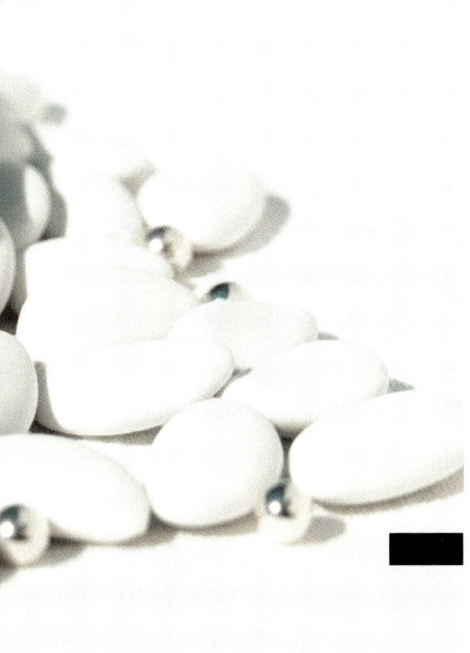

50 g gemahlene Mandeln
100 ml Milch
150 g Sahne
1 Becher cremiger Joghurt
1 Becher Sojajoghurt
100 g Zucker
50 g weiße Zuckermandeln

Vorbereitung: 10 Minuten
Garzeit: 3 Minuten
Ruhen: 24 Stunden
Gefrieren: 20 Minuten in der Eismaschine,
2 Stunden im Gefrierschrank

Am Vortag die gemahlenen Mandeln mit der Milch und der Sahne bei schwacher Hitze in einem Topf aufkochen lassen. Den Topf sofort vom Herd nehmen, die Mischung abkühlen lassen und 24 Stunden kalt stellen.

Die Milch-Sahne-Mischung durch ein Sieb gießen und in einer Schüssel mit den beiden Joghurts und dem Zucker verrühren.

Die Zuckermandeln im Mörser grob zerstoßen und unter die Joghurtmischung rühren.

Die Masse 20 Minuten in der Eismaschine oder 2 Stunden in einem Gefäß mit Deckel gefrieren lassen, in letzterem Fall das Eis alle 30 Minuten aus dem Gefrierschrank nehmen und gut durchrühren.

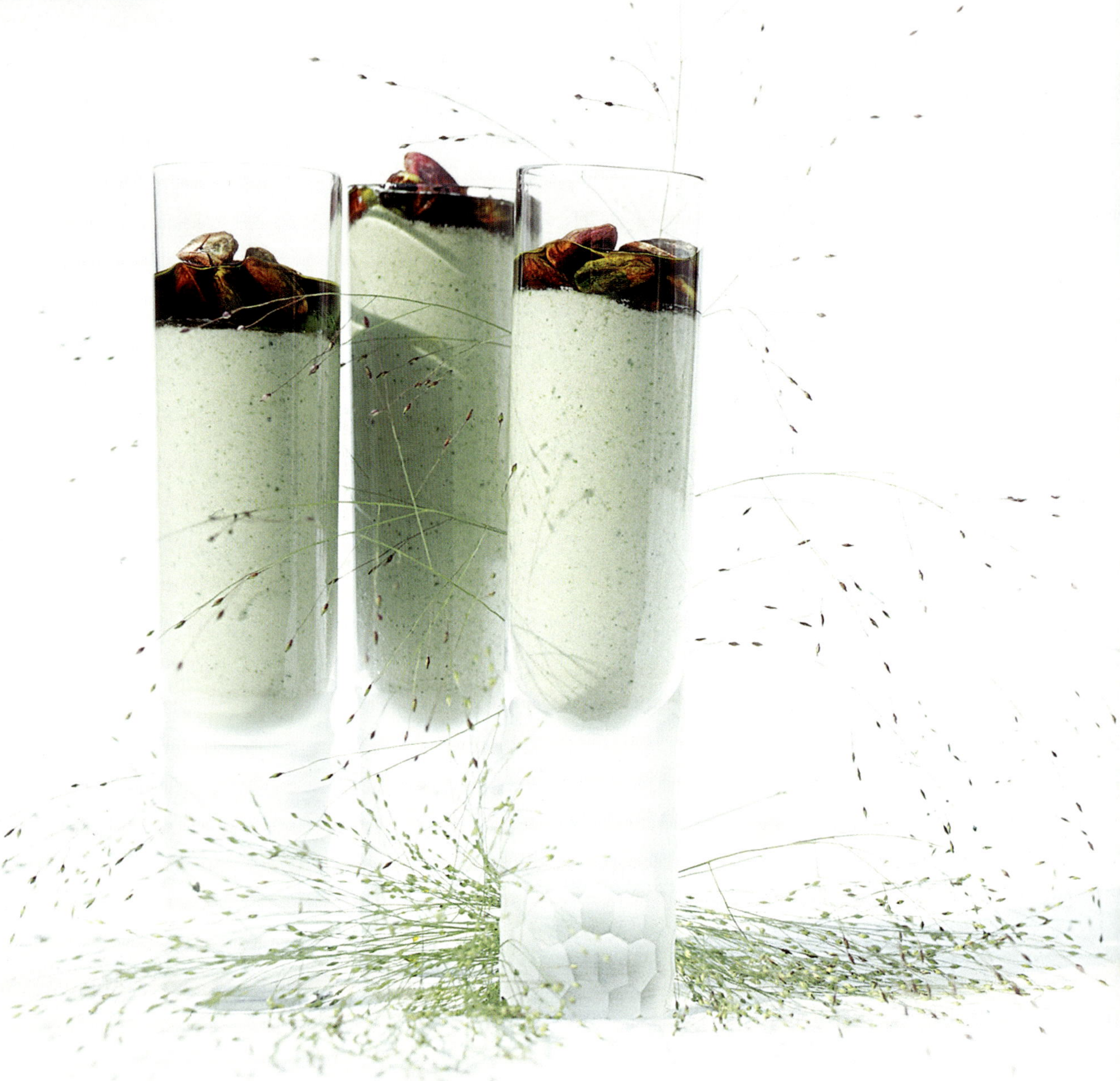

Grüner Cocktail

30 g Pistazienkerne
300 g Champignons
60 g Rucola
Saft von 1 Zitrone
200 ml Sojasahne
3 EL Pistazienöl, plus etwas Öl zum Servieren
(ersatzweise Sesamöl aus gerösteten Samen)
Salz, Pfeffer

Vorbereitung: 15 Minuten
Garzeit: 2 Minuten

Die Pistazien ohne Zugabe von Fett etwa 2 Minuten in einer Pfanne rösten. Beiseitestellen.

Die Champignons putzen und klein schneiden. Den Rucola waschen. Beides mit dem Zitronensaft, der Sojasahne und dem Pistazienöl im Mixer pürieren und mit Salz und Pfeffer abschmecken.

Den Cocktail auf vier Gläser verteilen, mit den Pistazien bestreuen, mit etwas Pistazienöl beträufeln und sofort servieren.

Schellfischsalat

400 g Schellfisch
400 ml Milch
3 Birnen
Saft von 1/2 Zitrone
40 g Pistazienkerne
Pistazienöl (ersatzweise Sesamöl
aus gerösteten Samen)
Fleur de Sel, Pfeffer

Vorbereitung: 15 Minuten
Garzeit: 7 Minuten

Den Fisch mit der Milch in einen Topf geben und so viel Wasser angießen, dass der Fisch mit Flüssigkeit bedeckt ist. Bei schwacher Hitze aufkochen und 5 Minuten köcheln lassen.

Den Fisch abgießen und abkühlen lassen. Das Fleisch anschließend von den Gräten befreien, zerpflücken und beiseitestellen.

Die Birnen schälen, fein würfeln und mit dem Zitronensaft beträufeln.

Die Pistazien grob hacken und 2 Minuten ohne Zugabe von Fett unter Rühren in einer Pfanne rösten.

Die Birnen und den Fisch auf vier Teller verteilen, die Pistazien darüberstreuen, den Salat großzügig mit Pistazienöl beträufeln, mit etwas Fleur de Sel und frisch gemahlenem Pfeffer bestreuen und sofort servieren.

Reis auf kantonesische Art

30 g geschälte Pistazien
200 g Basmatireis
40 g Butter
2 Eier
60 g Tiefkühlerbsen
4 EL Pistazienöl (ersatzweise Sesamöl
aus gerösteten Samen)
Salz, Pfeffer

Vorbereitung: 20 Minuten
Garzeit: 30 Minuten

Die Pistazien 2 Minuten ohne Zugabe von Fett unter Rühren in einer Pfanne rösten. Beiseitestellen.

Den Reis unter fließendem Wasser abspülen, in einen Topf mit kochendem Salzwasser geben und etwa 10 Minuten kochen (er sollte noch etwas Biss haben). Unter fließendem kaltem Wasser abspülen und abtropfen lassen.

30 Gramm Butter in einer Pfanne zerlassen und den Reis darin 10 Minuten bei schwacher Hitze braten. Dabei gelegentlich umrühren. Der Reis sollte leicht trocken werden. Anschließend mit Salz und Pfeffer abschmecken.

Die Eier kräftig mit dem Schneebesen verquirlen und mit der restlichen Butter in eine zweite Pfanne geben. Mit Salz und Pfeffer würzen und in etwa 5 Minuten ein Omelett backen. Das Omelett auf einen Teller gleiten lassen, in Würfel schneiden und warm stellen.

Die Erbsen 3 Minuten in kochendem Salzwasser blanchieren, anschließend abgießen und warm stellen.

Den Reis mit dem Omelett, den Erbsen und den Pistazien mischen, mit dem Öl beträufeln und sofort servieren.

Pfirsich-Lassi

3 weißfleischige Pfirsiche
20 g Pistazienkerne
3 Becher cremiger Joghurt
2 EL Honig
Saft von ¹/₂ Zitrone

Zubereitung: 15 Minuten

Die Pfirsiche schälen und klein schneiden. Die Pistazien sehr fein mahlen. Die Pfirsiche mit dem Joghurt, dem Honig, dem Zitronensaft und den Pistazien pürieren.

Das Lassi kalt stellen und unmittelbar vor dem Servieren auf vier Gläser verteilen.

Sie können das Lassi noch mit gemahlenen Pistazien bestreuen und mit einer Pfirsichspalte garnieren. Dafür bei der Zubereitung vier Pfirsichspalten und einige gemahlene Pistazien zurückbehalten.

Blumenkohl mit Pinienkernen und Mayonnaise

1 kleines Bund Dill
2 weiße Zwiebeln
1/2 Blumenkohl (450 g)
1 ganz frisches Eigelb
1 EL Senf
3 EL Quark
50 g Pinienkerne
50 g Rosinen
Kurkuma
Paprikapulver
Olivenöl
Fleur de Sel, Pfeffer

Zubereitung: 20 Minuten

Den Dill waschen und fein schneiden. Die Zwiebeln ebenfalls fein schneiden. Den Blumenkohl in Röschen zerteilen und waschen. Die Röschen grob reiben und beiseitestellen.

Das Eigelb mit Senf, Salz und Pfeffer verquirlen, mit Kurkuma und Paprikapulver bestreuen und mit fünf Esslöffeln Olivenöl zu Mayonnaise aufschlagen. Den Quark und die Hälfte des Dills unter die Mayonnaise rühren.

In einer Schüssel den Blumenkohl mit den Pinienkernen, den Rosinen, den Zwiebeln, dem restlichen Dill und drei Esslöffeln Mayonnaise vermengen.

Die Blumenkohlmasse mithilfe eines Edelstahlrings auf vier Tellern anrichten und gut gekühlt mit der restlichen Mayonnaise servieren.

Ziegenkäsebällchen

2 kleine Ziegenfrischkäse
70 g Pinienkerne
60 g Rosinen
2 TL Mohnsamen
2 TL Leinsamen
Olivenöl

Zubereitung: 15 Minuten

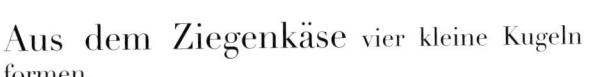

Aus dem Ziegenkäse vier kleine Kugeln formen.

Die Pinienkerne auf einem Teller mit den Rosinen, dem Mohn und den Leinsamen mischen.

Die Käsekugeln in der Pinienkernmischung wenden, bis sie vollständig damit überzogen sind. Die Käsebällchen mit Olivenöl beträufeln und servieren. Gut dazu passt ein gemischter Blattsalat.

Walnüsse

Im Wandel der Zeit

„Tief wurzelnde Bäume wachsen hoch." (Frédéric Mistral)

Und solche Wurzeln brauchte der Walnussbaum auch, um all den Verwünschungen zu widerstehen, die an seiner Rinde kleben, und um in 25 Metern Höhe seine prächtige Krone zu entfalten. Ein verwunschener Baum mit wohltuenden Früchten. Noch heute hält sich hartnäckig so mancher Aberglaube. Alles begann mit Plinius dem Älteren: „Sein Schatten ist schädlich für den menschlichen Geist und macht ihn träge, und er ist verderblich für alles, was in seiner Nähe wächst." Ein Phänomen, das die Bauern bereits seit der Antike beobachteten, weshalb man Walnussbäume nur an Wegrändern oder am Rand von Brachen, fernab von Siedlungen und Feldern, pflanzte. Eine kluge Entscheidung, zumal man seinerzeit noch gar nicht wusste, welchen „chemischen Krieg" der Walnussbaum gegen die anderen Pflanzen führt. Denn wenn es regnet, verbreitet sich durch das Wasser, das von seinen Blättern und seinem Stamm fließt, ein chemischer Stoff, das Juglon, das im Boden zu Hydroxyjuglon oxidiert und sich negativ auf die Keimung und das Wachstum der umgebenden Pflanzen auswirkt. Das hat zwar nichts mit Hexerei zu tun, dennoch hätte man dem Walnussbaum am liebsten auch noch unterstellt, dass er den Hexen als Versammlungsort diene. Und das war Grund genug, sich zur Mittagsruhe lieber nicht unter einen Walnussbaum zu legen und an jahrhundertealten Ammenmärchen festzuhalten.

Sein Holz, seine Rinde, seine Blätter und seine Früchte scheint das merkwürdigerweise jedoch nicht zu betreffen.

Ganz im Gegenteil. Sein Holz ist ein gefragtes Möbelholz. Seine Blätter dienen als Heilmittel und Insektizid. Man schätzt sein edles Wurzelholz und die Schalen seiner Früchte sind Brennstoff und Färbemittel für Kleider, Haare und Holz. Man schätzt seine Kätzchen als Zutat für den Walnusswein und seine Früchte wegen ihres Öls. Und obwohl der Walnussbaum als Baum des bösen Omens gilt, hat sich dies nie auf seine Früchte übertragen, die stets mit glücklichen Ereignissen in Verbindung gebracht wurden. Gilt die köstliche, nahrhafte Frucht, die schützend von einer Schale umschlossen wird, doch als Symbol des Schutzes der Ehe, weshalb man Jungvermählte früher auch nicht mit Reis, sondern mit Walnüssen bewarf. Im antiken Rom wurden die Kinder während der Saturnalien mit Walnüssen beschenkt, die ihnen als Murmeln dienten. In der dem Dichter Ovid zugeschriebenen *Elegie Nux* sind allein sechs verschiedene Spiele mit Walnüssen beschrieben.

Stets gab es jedoch auch Menschen, die vor dem Genuss der Walnuss warnten.

Hatte das etwa damit zu tun, dass die Walnusskerne auf verblüffende Weise an das menschliche Gehirn erinnern? Tatsächlich empfahl man sie früher, ohne dass dies wissenschaftlich begründet gewesen wäre, als Mittel gegen Kopfschmerzen. Heute weiß man, dass Walnussöl wertvolle Nervennahrung ist, die die Konzentrationsfähigkeit fördert und die Signalübertragung im Gehirn verbessert. Wenn man also von jemandem sagt, er sei eine „hohle Nuss", täte der Betreffende vielleicht gut daran, ein paar Walnüsse zu knabbern. ◼

FRÜHER BEWARF MAN JUNGVERMÄHLTE NICHT MIT REIS, SONDERN MIT WALNÜSSEN.

Wissenswertes

/// Aufgrund ihres hohen Fettgehalts gelten Walnüsse als regelrechte Kalorienbomben. Das stimmt zwar, aber es handelt sich dabei um einfach und mehrfach ungesättigte Fettsäuren, sogenannte gesunde Fette. **Sie dürfen also getrost Salate, Käse und Desserts damit verfeinern.**

/// Zahlreiche Studien belegen, dass der regelmäßige Genuss von Walnüssen aufgrund ihres hohen Anteils an Antioxidantien das Herz-Kreislauf-System schützt und sogar lebensverlängernde Wirkung haben kann.

/// Sobald sie mit der Luft in Berührung kommen, werden Walnüsse schnell ranzig und verlieren ihre gesundheitsfördernden Eigenschaften. Kaufen Sie also nach Möglichkeit keine Walnusskerne, sondern ganze Nüsse, und bewahren Sie Walnussöl im Kühlschrank auf.

/// **Walnüsse sind reich an den Vitaminen E, B_1, B_2, und B_5; eine Nuss hat etwa 35 Kilokalorien.**

/// Manche Delikatessengeschäfte bieten auch eingelegte Walnüsse an. Es handelt sich dabei um unreife Nüsse, die in Essig eingelegt wurden und die man wie Cornichons isst.

/// Frische Walnüsse sind nach dem Pflücken nur etwa einen Monat haltbar. Am besten bewahrt man sie an einem kühlen, gut durchlüfteten Ort unter 10 °C auf. Zur Lagerung eignet sich sehr gut ein großer Weidenkorb, in dem man die Nüsse nebeneinander ausbreitet.

/// Beim Einkauf darauf achten, dass der Nusskern fest in der Schale sitzt und es nicht klappert, wenn man die Nuss schüttelt. Wenn Sie die Nüsse im Handel kaufen, empfiehlt es sich, auf getrocknete Nüsse zurückzugreifen. Sie enthalten weniger Feuchtigkeit und schimmeln deshalb nicht so schnell.

/// Die „Noix de Grenoble" mit den drei Sorten Franquette, Mayette und Parisienne ist die weltweit einzige Nuss, die das AOC-Siegel trägt – und das bereits seit 1938.

/// In Frankreich werden Walnussbäume bereits seit dem 11. Jahrhundert im heutigen Departement Isère zwischen Montmélian und Romans, vor allem um die Gemeinde Vinay, kultiviert.

Andouillettes in
Apfel-Walnuss-Sauce

800 g Kartoffeln
100 g Crème fraîche
5 EL Walnussöl
1 Apfel
20 g Butter
4 Andouillettes (Kuttelwürste;
ersatzweise grobe Schweinsbratwürste)
200 ml Weißwein
100 g Walnusskerne
Salz, Pfeffer

Vorbereitung: 25 Minuten
Garzeit: 1 Stunde

Die Kartoffeln schälen, in Würfel schneiden, in einen Topf mit kaltem Salzwasser geben und etwa 20 Minuten kochen

Die gegarten Kartoffeln abgießen und durch die Kartoffelpresse drücken. Die Crème fraîche und das Walnussöl unterrühren, das Püree mit Salz und Pfeffer abschmecken und warm stellen.

Von dem Apfel vier Scheiben abschneiden und in einer Pfanne in der Butter auf jeder Seite 3 Minuten goldbraun braten. Mit Salz und Pfeffer würzen und beiseitestellen.

Den restlichen Apfel reiben. Die Andouillettes in Scheiben schneiden und ohne Zugabe von Fett in der Pfanne anbräunen.

Die Würste mit 100 Milliliter Wein ablöschen, den geriebenen Apfel in die Pfanne geben und alles 25 Minuten bei schwacher Hitze weich garen. Dabei gelegentlich umrühren.

Den Pfanneninhalt mit dem restlichen Wein ablöschen, die Walnusskerne hineingeben, sparsam mit Salz und Pfeffer würzen und das Ganze weitere 5 Minuten kochen lassen.

Auf jeden Teller einen Klecks Kartoffelpüree geben, die Wurst-Nuss-Mischung darauf verteilen, jede Portion mit einer Apfelscheibe garnieren und sofort servieren.

Jakobsmuschel-Carpaccio

20 g Walnusskerne
20 g glatte Petersilie
20 g Parmesan, frisch gerieben
4 EL Walnussöl
12 Jakobsmuschelnüsschen (in Sushi-Qualität)
1 EL Zitronensaft
Fleur de Sel, Pfeffer

Zubereitung: 15 Minuten

Die Walnusskerne mit der Petersilie, dem Parmesan und einem Esslöffel Walnussöl pürieren.

Die Jakobsmuscheln in dünne Scheiben schneiden und auf einer Platte anrichten. Das restliche Öl kräftig mit dem Zitronensaft, Salz und Pfeffer verschlagen.

Die Jakobsmuscheln mit der Sauce begießen, das Walnusspesto darüber verteilen und das Carpaccio sofort servieren.

Rotkohlsalat

1/2 Rotkohl
200 g Hartkäse mit nussigem Geschmack
(vorzugsweise Beaufort)
20 Walnusskerne
3 EL Walnussöl
1 EL Essig
Salz, Pfeffer

Zubereitung: 15 Minuten

Die äußeren Blätter des Rotkohls entfernen und den Strunk herausschneiden. Den Kohl anschließend in Streifen hobeln.

Den Käse in Späne hobeln.

Die Walnusskerne grob hacken.

Das Walnussöl kräftig mit dem Essig, Salz und Pfeffer verrühren.

Den Kohl mit dem Käse und den Walnusskernen in einer Schüssel anrichten, mit der Vinaigrette übergießen und sofort servieren.

Walnuss-Torteletts

110 g leicht gesalzene Butter
(demi-sel)
150 g Mehl
60 g gemahlene Walnüsse
1 Eigelb
250 g gezuckerte Kondensmilch
2 EL Ahornsirup
24 Walnusskerne
Butter für die Förmchen

Vorbereitung: 20 Minuten
Garzeit: 35 Minuten

Mit den Fingerspitzen 80 Gramm weiche Butter mit dem Mehl und den gemahlenen Walnüssen verkneten.

Das Eigelb und zwei Esslöffel Wasser hinzufügen, rasch unterkneten, den Teig zu einer Kugel formen und die Kugel in vier Portionen teilen. Jede Portion mit dem Nudelholz ausrollen und vier gebutterte Tortelettförmchen damit auslegen.

In einem Topf die Kondensmilch mit der restlichen Butter und dem Ahornsirup erhitzen. Die Masse 3 Minuten unter Rühren eindicken lassen. Die Mischung auf die Förmchen verteilen und jedes Tortelett mit sechs Walnusshälften garnieren.

Die Torteletts 30 Minuten im 175 °C heißen Ofen backen und lauwarm oder kalt servieren.

Haselnüsse

Im Wandel der Zeit

Bäumchen rüttel dich, Bäumchen schüttel dich, wirf Gold und Silber über mich … Nicht nur im Märchen kommt die kleine Nuss ganz groß raus. Schon als sich die Menschen noch von dem ernährten, was sie in der freien Natur fanden, spielte die Haselnuss, die bekömmlicher als die Walnuss ist, eine wichtige Rolle in der Ernährung. Zumal die Hasel, ein buschiger Strauch, der aus mehreren dünnen, etwa zwei bis vier Meter hohen Stämmen besteht, fast überall, vor allem am Waldrand, im Unterholz oder in Hecken anzutreffen ist. Man muss also nicht weit gehen und auch das Pflücken ist nicht besonders anstrengend.

Ihr wissenschaftlicher Name, das lateinische *Corylus*, bedeutet Helm. Und gut behelmt ist sie ja mit ihrem Fruchtbecher, der den Samen mit all den wertvollen Inhaltsstoffen, den Vitaminen und Spurenelementen, schützend umschließt. Nicht zufällig galt der Haselstrauch bei den Kelten als Symbol des Lebens und der Fruchtbarkeit. Denn er wächst nicht nur bemerkenswert rasch und trägt bereits ab dem achten Jahr Früchte – und das bis zu seinem sechzigsten Jahr –, sondern ist außerdem ausgesprochen robust und gedeiht in jedem Klima und auf jedem Boden. Und zu seiner Vermehrung bedarf es nur einiger Eichhörnchen, die vergessen haben, wo sie die Haselnüsse im Herbst als Winterreserve vergraben haben – dort beginnt im Frühjahr ein neuer Strauch zu sprießen.

Bei allen Vorzügen hat der Haselstrauch aber auch eine kleine Schwäche: Er ist sehr kälteempfindlich. Ist es zur Zeit der Befruchtung zu kalt, trägt er ein Jahr lang keine Früchte. Jedoch kann man, wenn man an den Zweigen keine Nüsse findet, mit etwas Glück zu seinen Füßen ein paar Trüffeln finden, denn die Wurzeln der Hasel können eine Symbiose mit dem Edelpilz eingehen. Aus ist es also mit dem Monopol der Eiche! Und wer keine Trüffeln sammeln will, der stößt mithilfe eines biegsamen Haselzweigs vielleicht auf eine Quelle. Ein richtiger Tausendsassa ist er also, dieser Haselstrauch! Und wie sieht es mit seinen Früchten aus?

Beim Spaziergang in einem bretonischen Wald traf ein Mann auf einen winzigen Geist.

„Fürchtest du dich vor mir?", fragte ihn der Geist. Der Mann lächelte nur. „Und so, fürchtest du dich jetzt vor mir?", fragte der Geist noch einmal und wurde dabei immer größer. Völlig unbeeindruckt erwiderte der Mann, Angst bekäme er erst, wenn es dem Geist gelänge, in eine Haselnuss zu schlüpfen. Der Geist verwandelte sich und verschwand in einer Haselnuss. Sofort pflückte der Mann die Nuss, verschloss sie fest in seiner Faust und brachte sie zum Schmied, den er bat, sie mit seinem Hammer zu knacken. Der Hammer fiel mit solcher Wucht auf die Schale nieder, dass sie in tausend Stücke zersprang, die sich in lauter Kobolde, Wichtelmänner, Gnome und Trolle verwandelten, die sich flugs über die gesamte Bretagne verstreuten.

Die Haselnuss ist also vielseitig, vor allem, wenn sie ihre Aromen entfaltet, die man gelegentlich auch in der berühmten Charente-Butter, in Käse wie dem Morbier, dem Comté oder dem Saint-Nectaire, in Muscheln wie den Jakobsmuscheln und in Bouzigues-Austern wiederfinden kann. Anklänge an die Haselnuss kennzeichnen aber auch die großen Chardonnay-Weine oder den 1973er Dom Pérignon und unterstreichen die Fruchtigkeit des Olivenöls aus Nyons.

Die vielseitige kleine Nuss
kann es mit jeder großen aufnehmen! ■

BEI DEN KELTEN GALT DER HASELSTRAUCH ALS SYMBOL DES LEBENS UND DER FRUCHTBARKEIT.

Wissenswertes

/// Die Schale schützt die wertvollen Inhaltsstoffe der Haselnuss wie die Vitamine E und B und das Magnesium. Kaufen Sie also nach Möglichkeit ungeschälte Nüsse. Haselnüsse sind besser haltbar als Walnüsse, denn das in ihnen enthaltene Öl wird nicht so schnell ranzig, wenn sie trocknen.

/// Haselnüsse sollten nicht im Kühlschrank gelagert werden. In feuchtem Milieu werden sie weich und schimmeln.

/// Mit ihren Antioxidantien und ihren einfach ungesättigten Fettsäuren kann die Haselnuss Herz-Kreislauf-Erkrankungen vorbeugen.

/// Im Handel werden Haselnüsse mit Schale, geschält und gemahlen angeboten. 97 Prozent der Weltproduktion (die zu drei Vierteln aus der Türkei kommt) werden in Feingebäck und Süßwaren verarbeitet.

/// Haselnüsse werden das ganze Jahr angeboten, am besten schmecken sie allerdings zwischen Oktober und Februar.

/// Benötigen Sie nur kleine Mengen an gemahlenen Haselnüssen, empfiehlt es sich, sie in der Küchenmaschine selbst zu mahlen.

/// Frische Haselnüsse sollten stets mit Fruchthülle angeboten werden, und **der Kern darf nicht gegen die Schale schlagen, wenn man die Nuss schüttelt.**

/// **Getrocknete Haselnüsse sind länger haltbar, wenn man sie mit Schale kauft.** Die Schale muss glänzen und darf keine Löcher (die auf Wurmbefall hindeuten) oder Risse haben. Geschälte Nüsse sollten möglichst vakuumverpackt sein.

/// Um die dünnen Häutchen zu entfernen, die Haselnüsse in einer beschichteten Pfanne oder im Backofen bei schwacher Hitze (140 °C) rösten, anschließend in einem Geschirrtuch aneinanderreiben. ■

Gefüllte Venusmuscheln

24 Venusmuscheln
Haselnussbutter (siehe Seite 126)
Grobes Salz

Vorbereitung: 10 Minuten
Garzeit: 4 Minuten

Die Muscheln öffnen. Eine ofenfeste Form mit grobem Salz ausstreuen, die Muscheln daraufsetzen und mit einem haselnussgroßen Stück Butter füllen.

Die Muscheln 4 Minuten im 200 °C heißen Backofen garen und sofort servieren.

Kartoffeln mit Artischocken-Haselnuss-Creme

4 kleine Artischocken
8 festkochende Kartoffeln
4 EL Haselnussöl (ersatzweise Walnuss- oder Sesamöl)
200 ml Milch
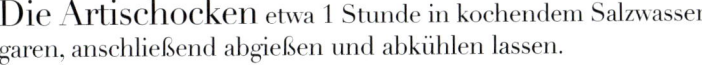
100 g gemahlene Haselnüsse
8 dünne Scheiben geräucherter Schinken
Sprossen
Fleur de Sel, Pfeffer

Vorbereitung: 30 Minuten
Garzeit: 1 Stunde

Die Artischocken etwa 1 Stunde in kochendem Salzwasser garen, anschließend abgießen und abkühlen lassen.

Während die Artischocken garen, die Kartoffeln abbürsten. Eine feuerfeste Form mit Alufolie auslegen, die Kartoffeln hineinsetzen, mit Salz bestreuen und 1 Stunde im 220 °C heißen Backofen garen. Die Kartoffeln etwa 10 Minuten vor Ende der Garzeit mit etwas Haselnussöl bepinseln.

Von den Artischocken die Blätter und das Heu entfernen, die Artischockenherzen fein würfeln und mit der Milch 5 Minuten bei schwacher Hitze in einem Topf erhitzen. Die gemahlenen Haselnüsse und einen Esslöffel Haselnussöl hinzufügen, alles mit Salz und Pfeffer abschmecken, im Mixer pürieren und warm stellen.

Von jeder Kartoffel einen kleinen Deckel abschneiden und etwas Fruchtfleisch aus den Kartoffeln schaben. Dann die Kartoffeln mit der Artischockencreme füllen, mit etwas Haselnussöl beträufeln und mit Fleur de Sel und Pfeffer bestreuen. Die Kartoffeln mit Schinken und Sprossen garniert servieren.

200 g Zucker
100 g weiche leicht gesalzene Butter
(demi-sel)
5 Eier
50 g Mehl
½ Päckchen Backpulver
150 g gemahlene Haselnüsse
2 unbehandelte Zitronen
100 g Puderzucker
Butter für die Form

Vorbereitung: 15 Minuten
Backzeit: 40 Minuten

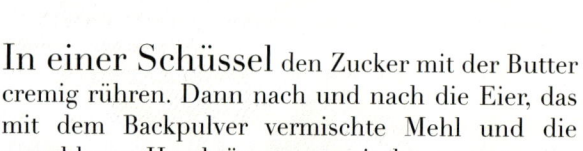

In einer Schüssel den Zucker mit der Butter cremig rühren. Dann nach und nach die Eier, das mit dem Backpulver vermischte Mehl und die gemahlenen Haselnüsse untermischen.

Den Backofen auf 175 °C vorheizen. Die Schale der Zitronen abreiben und unter den Teig rühren. Den Teig in eine mit Butter eingefettete Kastenform füllen und etwa 40 Minuten backen.

Die Zitronen auspressen und den Saft mit dem Puderzucker verrühren. Den Kuchen aus dem Backofen nehmen und sofort mit dem Zitronenguss beträufeln, bis er ihn aufgesogen hat. Abkühlen lassen, aus der Form stürzen und servieren.

Den Kuchen nach Belieben mit einigen kandierten Zitronenscheiben dekorieren.

Zitronenkuchen

Feigenkonfitüre

2 kg Feigen
400 g Zucker
50 g gemahlene Haselnüsse
5 EL Haselnusssirup

Vorbereitung: 20 Minuten
Garzeit: 15 Minuten
Marinieren: 1 Stunde 30 Minuten

Die Feigen halbieren, das Fruchtfleisch mit einem Löffel herauslösen und in eine große Schüssel geben.

Den Zucker, die gemahlenen Haselnüsse und den Sirup hinzufügen, alles gut vermengen und an einem kühlen Ort 1 1/2 Stunden durchziehen lassen.

Die Mischung in einen Topf füllen und aufkochen lassen.

Die Konfitüre 10 Minuten kochen und sofort in Gläser füllen. Die Gläser gut verschließen, die Konfitüre abkühlen lassen und an einem kühlen Ort aufbewahren.

Haselnussbutter

125 g gesalzene Butter
40 g Haselnüsse, gehackt
1 EL Haselnussöl (ersatzweise Sesamöl)
Pfeffer
Abgeriebene Schale von 1 unbehandelten Zitrone

Zubereitung: 10 Minuten

Die weiche Butter mit den restlichen Zutaten vermengen und kalt stellen.

Die Haselnussbutter eignet sich zum Verfeinern von Nudeln, Reis und Fleisch. Im Kühlschrank ist sie zwei Wochen haltbar.

Walnussbutter

Wie die Haselnussbutter zubereiten, jedoch die Haselnüsse durch die gleiche Menge Walnüsse, das Haselnussöl durch Walnussöl und die Zitronenschale durch die abgeriebene Schale einer unbehandelten Orange ersetzen.

Haselnussöl mit Zitrone

300 ml Haselnussöl
1 unbehandelte Zitrone
2 Zweige Zitronenthymian

Zubereitung: 5 Minuten

Die Zitronenschale in einem Stück dünn abschälen, mit dem Zitronenthymian in eine Glasflasche geben, mit dem Öl bedecken und vor Gebrauch 24 Stunden durchziehen lassen.

Das Haselnussöl kann an einem kühlen, lichtgeschützten Ort mehrere Wochen aufbewahrt werden. Es eignet sich hervorragend zum Aromatisieren von Salaten und Fisch.

Walnussöl mit Orange

Wie das Haselnussöl mit Zitrone zubereiten, jedoch
das Haselnussöl durch Walnussöl, den Zitronenthymian durch drei getrocknete Steinpilzscheiben
und die Zitronenschale durch die Schale einer
unbehandelten Orange ersetzen.

Pekannüsse,
Paranüsse, Cashewnüsse

Im Wandel der Zeit

Florida lautete das Ziel einer spanischen Expedition, die 1527 in See stach und an der auch der spanische Entdecker Álvar Núñez als Schatzmeister teilnahm. Eine Entdeckungsreise, die für die Besatzung zu einem Desaster werden sollte. Denn die Männer stießen, als sie das Land für die spanische Krone reklamierten, nicht nur auf den erbitterten Widerstand der Indianer, sondern sahen sich überdies den Gewalten von Hurrikanen und bitterer Kälte ausgesetzt. Lediglich Álvar Núñez und drei seiner Kameraden überlebten als Gefangene der Indianer. Erst nach Jahren der Gefangenschaft gelang ihnen die Flucht nach Mexiko, von wo aus sie wieder heimatlichen Boden erreichten. Die Reiseaufzeichnungen des Schatzmeisters, der als erster Europäer Bekanntschaft mit diesem Teil der Welt machte, liefern interessante Aufschlüsse über die Fauna und Flora, aber auch über die Sitten und Bräuche der Indianer, in deren Geschichte der Pekannussbaum eine wichtige Rolle spielte. Zeichnen sich seine Früchte, die Pekannüsse, doch nicht nur durch einen außerordentlich hohen Fettgehalt aus, sondern liefern außerdem die Vitamine B und E, Mineralstoffe allen voran Magnesium und Spurenelemente und waren deshalb Grundnahrungsmittel. Darüber hinaus verwendeten sie das Holz des Baums zum Räuchern von Fleisch und der Baum diente ihnen im Frühjahr als „Wetterprophet". Denn solange er noch keine Knospen getrieben hatte, musste man mit Frösten rechnen.

Die ersten Siedler nutzten noch wild wachsende Bäume. Kulturen entstanden erst im 18. Jahrhundert im Norden Mexikos. Da sich der Anbau des Baums schon bald als weitaus rentabler erwies als manche traditionelle Pflanzung, etwa die der Baumwolle, siedelte man ihn fast überall im Süden der Vereinigten Staaten und sogar auf den Antillen an. Wie der Walnussbaum gehört der Pekannussbaum zur Familie der Walnussgewächse (Juglandaceae). Von den etwa fünfhundert Varietäten werden lediglich fünf kultiviert.

Etwa zur gleichen Zeit, als die Spanier den Pekannussbaum entdeckten, landeten die Por-

tugiesen in Brasilien und trafen dort auf den Kaschubaum, von den Tupi-Indianern Acaju (Nierenbaum) genannt, einen wild wachsenden Baum, der große Äpfel hervorbrachte, die man auspresste, um daraus einen aromatischen süßsauren Saft zu gewinnen, den man frisch oder gegoren trank. Die eigentliche Frucht ist jedoch die Cashewnuss. Denn die Fruchtbildung verläuft beim Kaschubaum in zwei Phasen: Zuerst entwickelt sich die Nuss. Sobald sie ausgewachsen ist, bildet sich der Fruchtstiel und verdickt sich zu einem fleischigen „Apfel". Dadurch wird der Nuss die Feuchtigkeit entzogen, sie schrumpft, wird hart und nimmt die charakteristische Nierenform an. Dass man die Nuss häufig wegwarf und ihr die „Scheinfrucht" vorzog, liegt daran, dass sich unter der äußeren Schale ein ätzendes Öl – der sogenannte Cashewbalsam – befindet, das sich schwarz verfärbt, wenn es mit der Luft in Berührung kommt, und das, abgesehen davon, dass es bleibende schwarze Flecken hinterlässt, die Haut stark reizt oder sogar verätzt, wenn man die Nuss aus der Schale holt. Dennoch siedelten die Portugiesen den Baum in ihren Kolonien in Afrika und Asien an. Heute ist Indien einer der größten Cashewnussproduzenten. Der Cashewbalsam wird zur Herstellung von Lacken, Harzen, Tinten und Insektiziden verwendet, und die Rinde des Baumes liefert einen dem Gummiarabikum ähnlichen Gummi. Die schwierige Aufgabe, die Nüsse aus den Schalen zu holen, meistern indische Frauen mit ihren geschickten Händen. Mit Handschuhen geschützt klopfen sie an einer bestimmten Stelle vorsichtig auf die Schale, um sie aufzuschlitzen und die Nuss herauszulösen. Anschließend werden die Nüsse ausgebreitet, gereinigt und behandelt. ➜

SOLANGE DER PEKANNUSS-BAUM NOCH KEINE KNOSPEN HATTE, MUSSTE MAN MIT FRÖSTEN RECHNEN.

DIE SCHWIERIGE
AUFGABE,
DIE NÜSSE AUS
DEN SCHALEN
ZU HOLEN,
MEISTERN INDI-
SCHE FRAUEN
MIT IHREN
GESCHICKTEN
HÄNDEN.

Der Kaschubaum hat also eine weite Reise von seinem Ursprungsland **zurückgelegt** und den Ländern, in denen man ihn ansiedelte, reiche Ernten beschert. Ein anderer, nicht minder fruchtbarer Baum hat sich dagegen nie verpflanzen lassen und ist bis heute in seiner Heimat verwurzelt: im amazonischen Regenwald. Und dieser Baum ist eine Chance für den Wald und für die Menschen, die dort leben, wo Brasilien, Peru und Bolivien aneinanderstoßen.

Bertholletia excelsa ist ein eigentümlicher Baum, der sich nicht kultivieren lässt und der nur von der Orchideenbiene befruchtet werden kann, um die begehrte Frucht hervorzubringen, die man erst genießen kann, wenn sie vom Baum gefallen ist: die Paranuss. Die große Nachfrage in Amerika und Europa lässt hoffen, dass der Baum der Abholzung entgeht. Dem könnte allerdings entgegenstehen, dass auf einem Hektar Land nur zwei bis drei Paranussbäume wachsen, die erst nach etwa 15 Jahren zum ersten Mal Früchte tragen. Hinzu kommt die Höhe des Baums, die es unmöglich macht, ihn zu schütteln oder zu besteigen. Dennoch böte die wirtschaftliche Nutzung des Baums Tausenden von Familien Arbeit, ohne das empfindliche Ökosystem zu schädigen. Hoffen wir also, dass hinter jeder Nuss, die wir knabbern, ein geretteter Baum stehen möge... ■

Wissenswertes

/// Cashewnuss, Pekannuss und Paranuss sind reich an Vitaminen, **Mineralstoffen, Spurenelementen und essenziellen Fettsäuren,** enthalten allerdings auch sehr viel Fett. **Man sollte sie also regelmäßig, aber nur in Maßen genießen.**

/// Aufgrund ihres hohen Fettgehalts **werden sie schnell ranzig**. Kaufen Sie die Nüsse deshalb möglichst luftdicht verpackt und verbrauchen Sie sie rasch.

/// Damit ihre wertvollen Inhaltsstoffe erhalten bleiben, sollte man die Nüsse **an einem kühlen, lichtgeschützten Ort aufbewahren**.

/// **Die Nüsse beim Kochen erst ganz am Ende der Garzeit hinzufügen, damit sie nicht weich werden.**

/// Besonders gut entfalten sie ihr Aroma, wenn man sie ohne Fett in der Pfanne röstet. Die gerösteten Nüsse eignen sich hervorragend zum Verfeinern von Suppen, Salaten oder Ziegenkäse. ■

Scones
mit Pekannüssen

80 g Pekannüsse
50 g leicht gesalzene Butter *(demi-sel)*
200 g Mehl
1/2 Päckchen Backpulver
100 ml Milch
1 Ei
1 EL Zucker

Vorbereitung: 15 Minuten
Backzeit: 20 Minuten

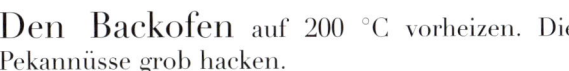

Den Backofen auf 200 °C vorheizen. Die Pekannüsse grob hacken.

Die weiche Butter und das mit dem Backpulver vermischte Mehl mit den Fingerspitzen verkneten.

Die Milch mit dem Ei in einer Schüssel kräftig mit dem Schneebesen verschlagen. Den Zucker, die Nüsse und die Butter-Mehl-Mischung hinzufügen und die Zutaten gut miteinander vermischen.

Ein Backblech mit einer Silikon-Backmatte oder mit Backpapier auslegen, den Teig in Häufchen daraufsetzen und die Scones 20 Minuten backen.

Die Scones frisch aus dem Ofen mit einer Tasse Tee oder Kaffee genießen.

Schokotörtchen mit Pekannüssen

100 g Pekannüsse
100 g leicht gesalzene Butter *(demi-sel)*
100 g Schokolade
100 g Zucker
2 Eier, getrennt
50 g Mehl
½ Päckchen Backpulver
Butter für die Form

Vorbereitung: 15 Minuten
Backzeit: 20 Minuten

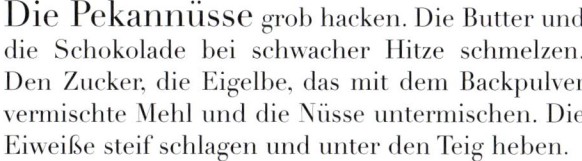

Die Pekannüsse grob hacken. Die Butter und die Schokolade bei schwacher Hitze schmelzen. Den Zucker, die Eigelbe, das mit dem Backpulver vermischte Mehl und die Nüsse untermischen. Die Eiweiße steif schlagen und unter den Teig heben.

Die Vertiefungen eines Muffinblechs mit Butter einfetten, den Teig einfüllen und die Törtchen 15–20 Minuten im 175 °C heißen Backofen backen. Vor dem Servieren abkühlen lassen.

Die Schokotörtchen nach Wunsch noch mit einigen zusätzlichen Pekannüssen dekorieren. Dazu auf jedes Törtchen vor dem Backen eine Nusshälfte legen.

Auberginenkaviar
mit Paranüssen

50 g Paranüsse
1 Aubergine
2 Knoblauchzehen
10 Stängel glatte Petersilie
3 EL Sesamöl von gerösteten Samen
2 EL Sesam
Fleur de Sel, Pfeffer

Vorbereitung: 15 Minuten
Garzeit: 30 Minuten

Die Paranüsse grob hacken und beiseitestellen.

Den Backofen auf 200 °C vorheizen. Die Aubergine waschen, die Schale mit einer Gabel mehrmals einstechen, die Aubergine 30 Minuten im Backofen garen, herausnehmen und anschließend abkühlen lassen.

Die Aubergine halbieren, das Fruchtfleisch mit einem Löffel herausschaben und in den Mixer geben.

Die Paranüsse, den Knoblauch, die Petersilie und das Sesamöl hinzufügen, mit Salz und Pfeffer würzen und das Ganze pürieren.

Den Auberginenkaviar in einer Schüssel anrichten, mit dem Sesam bestreuen und kalt stellen. Auf geröstetem Brot zum Aperitif servieren.

Nussbrot

20 g frische Hefe
300 ml Milch
50 g Rohrohrzucker
90 g leicht gesalzene Butter (demi-sel)
30 g Walnusskerne
30 g Paranüsse
30 g Haselnüsse
30 g Rosinen
400 g Mehl
1/2 TL Salz
50 g Gerstenflocken
50 g Haferflocken
3 Eier
Butter für die Formen

Vorbereitung: 20 Minuten
Backzeit: 30 Minuten
Ruhen: 3 Stunden

Die Hefe mit 100 Milliliter lauwarmer Milch und 1 Prise Zucker anrühren und beiseitestellen. Die Butter mit der restlichen Milch und dem Zucker in einem Topf zerlassen und anschließen abkühlen lassen, bis die Mischung lauwarm ist. Sämtliche Nüsse grob hacken, mit den Rosinen mischen und zur Seite stellen.

Das Mehl mit dem Salz, den Gersten- und den Haferflocken in eine Schüssel geben und die Eier untermischen. Anschließend nach und nach die Butter-Milch-Mischung und die Nüsse untermengen. Zum Schluss die Hefemilch hinzufügen und gut unterarbeiten.

Den Teig mit einem feuchten Tuch abdecken und 2 Stunden bei Zimmertemperatur gehen lassen. Anschließend durchkneten, auf zwei mit Butter eingefettete Kastenformen verteilen und nochmals 1 Stunde gehen lassen.

Die Brote 30 Minuten im 200 °C heißen Backofen backen, dann aus den Formen stürzen und auf einem Kuchengitter auskühlen lassen. Das Nussbrot zum Frühstück oder zum Nachmittagstee, eventuell mit gesalzener Butter, servieren.

Blumenkohl-Kartoffel-Püree mit Cashewnüssen

1 Blumenkohl (etwa 600 g)
500 g Kartoffeln
50 g Cashewnüsse
3 EL Sahne
150 g Cashewmus (aus dem Bioladen)
Schnittlauchröllchen
Salz, Pfeffer

Vorbereitung: 15 Minuten
Garzeit: 35 Minuten

Den Blumenkohl in Röschen zerteilen, die Röschen waschen, in einen großen Topf mit kochendem Salzwasser geben und 15 Minuten garen.

Die Kartoffeln schälen, in Würfel schneiden, in einen Topf mit kaltem Salzwasser geben, aufkochen und etwa 20 Minuten garen.

Die Cashewnüsse grob hacken, 2 Minuten ohne Fett in der Pfanne rösten und beiseitestellen.

Den gegarten Blumenkohl abgießen, mit der Sahne pürieren und warm stellen.

Die weichen Kartoffeln abgießen und durch die Kartoffelpresse drücken. Das Kartoffelpüree mit dem Blumenkohlpüree vermengen, das Cashewmus unterrühren und das Püree mit Salz und Pfeffer abschmecken.

Das Püree mit den gerösteten Cashewnüssen und den Schnittlauchröllchen bestreuen und zu gegrillten Lammkoteletts servieren.

Mango-Cashew-Crumble

30 g Cashewnüsse
20 g Buchweizenpfannkuchen
(*galettes*, ersatzweise dünne Pfannkuchen)
50 g Butter
20 g Haferflocken
20 g Rohrohrzucker
1 TL gemahlene Vanille
2 Äpfel
2 kleine Mangos (500 g)

Vorbereitung: 20 Minuten
Garzeit: 6 Minuten

Die Cashewnüsse grob hacken. Den Pfannkuchen in Stücke zupfen.

Die Hälfte der Butter in einer Pfanne zerlassen. Die Nüsse, die Pfannkuchenstückchen, die Haferflocken, den Rohrohrzucker und die Vanille hinzufügen und das Ganze 5 Minuten unter Rühren rösten. Die Pfanne anschließend vom Herd nehmen und beiseitestellen.

Die Äpfel und die Mangos schälen, in Würfel schneiden und 1 Minute bei starker Hitze in der restlichen Butter anschwitzen.

Die Früchte in Dessertschälchen oder Tassen anrichten, die Streusel darüber verteilen und das Crumble servieren.

Esskastanien

Im Wandel der Zeit

Wenn Sie an einem Winterabend, allein in einem abgelegenen Haus im Dachgebälk ein Knarren hören, sollten Sie sich vergewissern, dass der Kastaniengeist über Ihnen wacht. Das Holz des Kastanienbaums, das viel Tannin enthält, wird in der Landwirtschaft gerne zu Körben, Bienenstöcken, Pfosten und Stützen verarbeitet und natürlich für Fußbodendielen und Dachstühle verwendet. Schützt das Tannin doch nicht nur vor Insektenbefall, sondern vor allem vor Fäulnis. Ein Nachteil des Kastanienholzes ist allerdings, dass es rissig wird und bricht, weshalb man daraus auch keine Möbel anfertigt. Im Dachgebälk kann man es jedoch ächzen hören.

Zu den vielen Vorzügen des Baums gehört nicht zuletzt seine Frucht. Denn die Esskastanie hat alles, was ein gesundes Lebensmittel braucht. Sie steht zwar im Ruf, ein Dickmacher zu sein, der Verstopfungen verursacht und traditionell nur zum Füllen der Weihnachtsgans dient, hier gilt es allerdings einiges richtigzustellen. Nicht zufällig war es die Kastanie, die den Menschen in Zeiten von

Hungersnöten immer wieder das Überleben sicherte, und zwar weil sie sie mit lebenswichtigen Stoffen, wie Kohlenhydraten, Fetten, Eiweiß, Mineralsalzen, Magnesium, Calcium, Eisen und Kalium, und Vitaminen, vor allem Vitamin E und B-Vitaminen, versorgte. Frisch geerntet sind Esskastanien überdies reich an Vitamin C und dienten deshalb im 19. Jahrhundert den Seeleuten als Mittel zur Vorbeugung gegen Skorbut.

Der Baum war sogar Anlass
für ein Dekret, das die Anpflanzung neuer Edelkastanien auf der Insel untersagte, als Korsika im 18. Jahrhundert zu Frankreich kam. Fürchtete man doch, sie könne die Bauern, die sich lieber faul in ihren Schatten legten, von der Arbeit abhalten. Es versteht sich, dass sich kaum jemand an dieses Dekret hielt.

Die Esskastanie begegnet uns in zweierlei Gestalt: als große Frucht, die die ganze Fruchthülle allein ausfüllt, oder in Form von kleineren Früchten, die sich zu zweit oder zu dritt eine durch Trennwände abgeteilte Fruchtschale teilen. Im ersten Fall spricht man häufig von einer Marone, im zweiten von einer Esskastanie. Doch Esskastanie ist nicht gleich Esskastanie. Vor allem in Frankreich, wo sich die Kastanie großer Beliebtheit erfreut, ist die Sorten- und Geschmacksvielfalt groß. Und die französischen Kastanienerzeuger tun viel dafür, die Waldfrucht, die sich auch hervorragend zum Verfeinern von Pürees und Schlagsahne eignet, wieder populär zu machen. Zwar trägt eine Edelkastanie erst nach zwanzig Jahren zum ersten Mal Früchte, bringt es dann aber sechzig Jahre lang auf beachtliche Ernteerträge. Wer die Zeit hat, so lange zu warten, kann sich freuen! Erst danach stellt der Baum, der bis zu dreißig Meter hoch werden kann, die Produktion ein und genießt seinen wohlverdienten Ruhestand. Und der kann tausend Jahre oder sogar länger währen. Nicht umsonst sagt ein provenzalisches Sprichwort: „Der Olivenbaum ist von deinem Großvater, der Kastanienbaum von deinem Vater und der Kirschbaum von dir."

Der Name Kastanie kommt vermutlich aus Persien, wo der Baum, der dort *kashtah*, „trockene Frucht", heißt, ursprünglich beheimatet gewesen sein soll. Daraus wurde im Lateinischen *castanea*, wörtlich „Schlag".

Die Redewendung „für jemanden die Kastanien aus dem Feuer holen" stammt übrigens aus der Fabel „Der Affe und die Katze" des Schriftstellers Jean de La Fontaine, in der der Affe Bertrand die Katze Raton dazu bringt, geröstete Kastanien für ihn aus dem Feuer zu holen, die er sogleich genüsslich verspeist. Läuft Ihnen bei dem Gedanken nicht auch das Wasser im Mund zusammen? ■

IM 19. JAHRHUNDERT DIENTE SIE DEN SEELEUTEN ALS MITTEL GEGEN SKORBUT.

Wissenswertes

/// Aus ernährungsphysiologischer Sicht kann die Kastanie **sowohl zu den stärkehaltigen Früchten wie zu den Hülsenfrüchten** gezählt werden.

/// Wenn Ihnen das Schälen zu mühevoll ist, können Sie getrost auf Konserven zurückgreifen. **Sie sind sehr schmackhaft**. Wenn Sie sich allerdings einmal etwas besonders Gutes tun wollen, kaufen Sie frische Esskastanien **und rösten sie etwa 20 Minuten in der Pfanne.** Dazu muss die Schale vorher lediglich eingeritzt werden.

/// Kastanien sind ganzjährig als Konserve, tiefgefroren, als Mehl oder Püree erhältlich.

/// **Maronencreme, eine besondere Köstlichkeit, ist kalorienärmer und gesünder als weißer Zucker.** Verfeinern Sie Quark oder andere Desserts damit.

/// An einem kühlen Ort oder im Gemüsefach des Kühlschranks sind Kastanien mehrere Tage haltbar.

/// Kastanien eignen sich auch gut zum Einfrieren.

Die Schale vorher kreuzweise einritzen. Sie müssen vor dem Rösten nicht aufgetaut werden.

Beim Einkauf sollte man darauf achten, dass die Kastanien schwer und fest sind und eine glatte, glänzende Schale haben. Löcher in der Schale deuten auf Wurmbefall hin.

Die dünne Haut unter der harten Schale unbedingt entfernen, sonst schmeckt die Frucht bitter.

Kastanien lassen sich mühelos schälen, wenn man die Schale unten kreuzweise einschneidet, die Kastanien anschließend 2–4 Minuten in kochendem Wasser blanchiert, unter fließendem kaltem Wasser abschreckt und leicht zwischen den Fingern drückt, um Schale und Häutchen zu entfernen.

Die Kastanie gehört zu den wenigen Schalenfrüchten, die wenig Fett enthalten.

Kastanien sind glutenfrei, was für Menschen mit Zöliakie von Bedeutung ist. ■

Käsecremesuppe mit Esskastanien und Morcheln

30 g getrocknete Morcheln
100 g Esskastanien
200 g würziger Rohmilch-Schnittkäse
(vorzugsweise Abondance)
1 Knoblauchzehe
400 ml Milch
2 Eigelb
20 g Butter
Muskatnuss
Alfalfasprossen
Salz, Pfeffer

Vorbereitung: 15 Minuten
Garzeit: 20 Minuten

Die Morcheln 15 Minuten in lauwarmem Wasser einweichen. Die Kastanien schälen und grob zerkleinern.

Den Käse reiben. Die Knoblauchzehe schälen und einen Topf damit ausreiben. Die Milch und den Käse hineingeben und den Käse bei schwacher Hitze schmelzen lassen. Dabei gelegentlich umrühren.

Die Eigelbe und etwas geriebene Muskatnuss hinzufügen und das Ganze bei schwacher Hitze 2 Minuten kräftig mit dem Schneebesen verrühren, bis die Mischung eindickt. Die Suppe warm stellen.

Die Morcheln gründlich unter fließendem Wasser waschen, 5 Minuten in kochendem Salzwasser garen und dann abgießen. Die Morcheln grob zerkleinern.

Die Kastanien und die Morcheln 5 Minuten bei starker Hitze in einer Pfanne in der Butter braten und anschließend mit Salz und Pfeffer würzen.

Die Käsesuppe auf vier Suppenschalen verteilen, die Morcheln und die Kastanien hinzufügen, mit Alfalfasprossen bestreuen und sofort servieren.

Blini mit Kastanienmehl

150 g Kastanienmehl
80 g Weizenmehl
1/2 Päckchen Trockenhefe
2 Eier
300 ml Milch
20 g Butter, plus Butter zum Braten
Saft von 1/2 Zitrone
1 EL Kastanienhonig
3 EL Sesamöl von gerösteten Samen
Fein geraspeltes Gemüse (z. B. Rotkohl,
Möhre, Zwiebel, Radieschen …)
Sprossen
Butter zum Braten
Salz, Pfeffer

Vorbereitung: 20 Minuten
Garzeit: 10 Minuten
Ruhen: 1 Stunde

Die beiden Mehlsorten mit der Hefe vermischen. In einer Schüssel die Eier und die Milch kräftig mit dem Schneebesen verrühren. Dann die Mehlmischung, die zerlassene Butter und 100 Milliliter Wasser dazugeben und die Zutaten zu einem glatten Teig verrühren. Die Schüssel mit einem Tuch abdecken und den Teig 1 Stunde bei Zimmertemperatur ruhen lassen.

Etwas Teig in eine mit Butter eingefettete Blini-Pfanne oder eine Bratpfanne gießen, auf jeder Seite etwa 2 Minuten braten und warm stellen. Mit dem restlichen Teig ebenso verfahren.

Für die Vinaigrette den Zitronensaft kräftig mit dem Honig, dem Öl, Salz und Pfeffer verrühren.

Die heißen Blini mit dem Gemüse und den Sprossen auf einer Platte anrichten, sodass jeder Gast seinen Pfannkuchen nach Belieben mit Gemüse und Sprossen belegen kann. Die Vinaigrette getrennt dazu servieren.

Maronen-Cannelés mit Rum

1 Dose gezuckertes Maronenpüree (500 g)
30 g Butter
250 ml Milch
2 Eier
30 g Mehl
$1/2$ Päckchen Backpulver
3 EL Rum
Butter für die Förmchen

Vorbereitung: 15 Minuten
Backzeit: 1 Stunde 30 Minuten

Das Maronenpüree mit der Butter und der Milch in einem Topf erwärmen, bis die Butter geschmolzen ist.

Den Topf vom Herd nehmen, die Eier, das mit dem Backpulver vermischte Mehl und den Rum hinzufügen und alles zu einem glatten Teig verrühren.

Den Teig in kleine, mit Butter eingefettete Backformen gießen und $1^{1}/_{2}$ Stunden im 175 °C heißen Backofen backen.

Die Cannelés abkühlen lassen, aus den Formen stürzen und servieren.

Sprossen

und Keime

Im Wandel der Zeit

„Gib Gerste und Weizen in zwei Leinensäckchen, die deine Frau jeden Tag mit ihrem Urin begießen soll. Wenn beide, die Gerste und der Weizen, keimen, wird sie niederkommen. Keimt zuerst die Gerste, wird es ein Knabe; ist es der Weizen, wird es ein Mädchen. Keimt keines von beiden, wird sie nicht niederkommen." So steht es auf einem Papyrus geschrieben. Die gekeimten Körner dienten den Frauen im alten Ägypten als Orakel in Situationen des Zweifels und Hoffens. Man nutzt sie also nicht erst seit gestern – und nicht nur als Schwangerschaftstest. Getreidekörner, die man den Verstorbenen auf ihrem Weg zur Auferstehung mitgab, waren eine traditionelle Grabbeigabe der Ägypter. Es war Brauch, ihnen eine mit Gerstenkörnern gefüllte Tonfigur des Gottes Osiris ins Grab zu legen. Die Gerste keimte einige Tage nach dem Tod und lieferte den Menschen damit einen Beweis der Unsterblichkeit.

Auch in anderen Kulturen
hat das gekeimte Korn großen Symbolgehalt.
Im Iran stehen gekeimte Linsen, die man am Neujahrstag auf den Tisch stellt, für Erneuerung. Wenn die Linsen nach 13 Tagen weggeworfen werden, geschieht das fernab des Hauses, um das Unglück fernzuhalten. In der Provence stellt man zur Wintersonnenwende kleine Tonschalen mit gekeimten Linsen in die Futterkrippen. Sie sollen das neu erwachende Leben symbolisieren. Gekeimte Körner sind auch Bestandteil zahlreicher traditioneller Gerichte wie die Sojasprossen in China oder die Weizen- und Kichererbsenkeimlinge in Afrika und im Orient. Tatsächlich nutzt sie der Mensch, seit er Bier braut.

Ob man wohl bei der großen spirituellen Bedeutung, die man ihnen verlieh, auch ihren außergewöhnlichen Nährwert erkannt hat? Denn Sprossen und Keime sind wahre Nährstoffbomben. Weshalb? Weil jeder Same in konzentrierter Form bereits alles enthält, was die ausgewachsene Pflanze zum Leben braucht.

Um Samen zum Keimen zu bringen, benötigt man Wasser, Sauerstoff und Wärme. Mehr braucht es nicht, um einen Prozess in Gang zu setzen, bei dem Enzyme aktiviert, Vitamine gebildet und Nährstoffe wie zum Beispiel die Kohlenhydrate umgebaut werden. Das heißt Stärke, ein langkettiges Kohlenhydrat wird teilweise in kurzkettige Kohlenhydrate umgebaut. Dadurch sind viele Keime im Vergleich zum Samenkorn besser verdaulich, was sich besonders bei Hülsenfrüchten wie zum Beispiel den Champagner-Linsen bemerkbar macht. Auch der Eiweißgehalt vieler Samen nimmt beim Keimen zu und hinsichtlich des Vitamingehalts sind ebenfalls deutliche Unterschiede zu verzeichnen. In einigen Sprossen steigt der Vitamin-C-Gehalt um das Vierfache und auch der Gehalt an B-Vitaminen erhöht sich enorm. Viele Wissenschaftler bezeichnen das gekeimte Korn als „ideales Lebensmittel", und es wird inzwischen sogar als Astronautennahrung im Weltraum eingesetzt. Schon im letzten Jahrhundert hatte man es kurzzeitig wiederentdeckt, als es während der Hungersnöte in Indien an die Bevölkerung verteilt wurde, doch dann geriet es wieder in Vergessenheit. Heute erfreuen sich Sprossen und Keimlinge vor allem bei den Verfechtern einer gesundheitsbewussten Ernährung großer Beliebtheit.

VIELE WISSENSCHAFTLER BEZEICHNEN DAS GEKEIMTE KORN ALS „IDEALES LEBENSMITTEL".

„Wenn die Geheimnisse besonders schlau sind, verbergen sie sich im Licht." (Jean Giono) Das gekeimte Korn lässt uns etwas von der Ewigkeit erahnen! ■

Wissenswertes

/// Es gibt verschiedene Pflanzenfamilien, aus denen sich Sprossen ziehen lassen: **die Ölpflanzen** (Sesam, Sonnenblume), **das Getreide** (Weizen, Hafer, Gerste), **die Doldenblütler** (Sellerie, Fenchel), **die Kreuzblütengewächse** (Kresse, Senf, Rettich) und **die Hülsenfrüchtler** (Linsen, Soja). Jede von ihnen hat ihre Besonderheiten und ihre besonderen Vorzüge. Sie müssen sie nur nach Ihren Bedürfnissen und Ihrem Geschmack kombinieren.

/// Es ist ganz einfach, diese einzigartigen Vitamin- und Nährstoffbomben selbst zu ziehen. Sie müssen nur die folgenden Tipps beachten:

/// Nehmen Sie immer Vollkorn aus biologischem Anbau.

/// Verwenden Sie keinesfalls Samen von Nachtschattengewächsen und von Pflanzen mit giftigen Blättern.

/// **Ziehen Sie ihre Sprossen selbst, anstatt sie zu kaufen.** Dann wissen Sie, dass sie frisch sind und woher sie kommen, und Sie können selbst entscheiden, in welchem Stadium Sie sie essen wollen.

/// Sie können die Sprossen in einer speziellen Keimschale ziehen, ein Suppenteller tut es aber auch.

/// Lassen Sie die Samen bei Raumtemperatur keimen und vermeiden Sie direkte Sonneneinstrahlung und Zugluft.

/// Achten Sie darauf, dass die Körner genug Platz zum Keimen haben.

/// Wichtig ist, dass das Wasser nicht gechlort ist. Am besten eignet sich Mineralwasser oder gefiltertes Leitungswasser.

/// Waschen Sie die Körner, bedecken Sie sie mit Wasser und lassen Sie sie zwölf Stunden weichen (die Körner saugen sich mit Wasser voll, die Keimung beginnt). Spülen Sie sie anschließend gut ab und lassen Sie sie abtropfen. Danach müssen die Körner regelmäßig gegossen werden, damit sie feucht bleiben, und man sollte sie zwei- bis dreimal täglich waschen und abtropfen lassen, damit sie nicht schimmeln.

/// Einweich- und Keimzeit variieren je nach Sorte. Beachten Sie dazu die Angaben auf der Verpackung.

/// Im Allgemeinen können die Sprossen bereits nach vier oder fünf Tagen verzehrt werden.

/// **Die gekeimten Körner vor dem Verzehr gut abspülen** und roh, in einem Salat, einer Suppe oder als Beilage servieren.

/// Vorsicht: kleine Mengen, große Wirkung! Auch bei Sprossen gilt es, Maß zu halten. **Ein halber Esslöffel pro Portion ist ausreichend.**

/// Bei Mungobohnen stets das grüne Häutchen entfernen
und Sprossen von Hülsenfrüchten vor dem Verzehr immer blanchieren.

/// Weitere Informationen finden Sie in einschlägigen Büchern und im Internet. ◼

Gerstenpüree mit Parmesancrackern

1 Salatgurke
1 Avocado
1 Zitrone
1 Schalotte
100 g Gerstensprossen
1/2 Becher Joghurt
4 EL Sesam- oder Olivenöl
80 g Parmesan
30 g Kürbiskerne
1 TL Mohnsamen
1 TL Leinsamen
Salz, Pfeffer

Vorbereitung: 25 Minuten
Garzeit: 20 Minuten

Die Gurke schälen, die Kerne herausschaben und das Fruchtfleisch klein schneiden. Die Avocado schälen und das Fruchtfleisch ebenfalls klein schneiden. Die Zitrone auspressen. Die Schalotte schälen und fein schneiden.

Die Gerstensprossen im Mixer zerkleinern. Gurke, Avocado, Joghurt, Zitronensaft, Schalotte und das Öl hinzufügen. Das Ganze cremig pürieren, mit Salz und Pfeffer abschmecken und kalt stellen.

Den Parmesan reiben und mit den Kürbiskernen sowie den Mohn- und den Leinsamen vermengen. Eine Blini-Pfanne erhitzen und pro Cracker einen Esslöffel der Parmesanmischung hineingeben. Jeden Cracker flach drücken und 5 Minuten bei schwacher Hitze braten. Es empfiehlt sich, eine Blini-Pfanne mit neun Löchern zu verwenden. Sollten Sie keine Blini-Pfanne besitzen, jeweils vier Cracker auf einmal in einer beschichteten Pfanne braten. Den Vorgang so lange wiederholen, bis der Teig aufgebraucht ist.

Die Pfanne vom Herd nehmen, die Cracker etwas abkühlen und anschließend auf einen Teller gleiten lassen.

Das Gerstenpüree in Gläser füllen und mit den Crackern servieren.

Tapenade von Mungobohnen und grünen Oliven

5 EL Mungobohnensprossen
180 g entsteinte grüne Oliven
1 kleine Tomate
1 Knoblauchzehe
20 g Pinienkerne
1 kleines Bund Basilikum
2 EL Olivenöl
Einige Spritzer Zitronensaft
Salz, Pfeffer

Zubereitung: 15 Minuten

Die grünen Häutchen der Mungobohnen-sprossen entfernen. Die Oliven abspülen und abtropfen lassen. Die Tomate überbrühen, häuten und von den Samen befreien. Den Knoblauch schälen.

Die Oliven mit drei Esslöffeln Mungobohnen-sprossen, der Tomate, dem Knoblauch, den Pinien-kernen, dem Basilikum, dem Olivenöl und einigen Tropfen Zitronensaft pürieren, mit Salz und Pfeffer abschmecken und kalt stellen.

Die Tapenade auf geröstetem Brot mit den restlichen Mungobohnensprossen garniert ser-vieren.

Rote-Bete-Inseln

100 g Kressesprossen
2 gegarte Rote Beten (500 g)
80 g Provolone (oder ein sahniger Schnittkäse)
1 Esslöffel Quark
1 EL Olivenöl
2 EL Kressesprossen zum Servieren
Salz, Pfeffer

Zubereitung: 15 Minuten

Die Kresse entstielen, waschen und abtropfen lassen.

Die Roten Beten schälen und in dicke Scheiben schneiden. Den Käse klein würfeln.

Die entstielte Kresse mit dem Quark und dem Olivenöl pürieren und mit Salz und Pfeffer abschmecken.

Die Kressecreme auf den Rote-Bete-Scheiben verteilen, mit Käsewürfeln und Kressesprossen bestreuen und sofort servieren.

Gemüse in Aspik

6 Blatt Gelatine
1 Möhre
100 g Knollensellerie
1 Zwiebel
1 Bouquet garni
1 Avocado
4 Eier, hart gekocht
20 Kirschtomaten
4 TL Dinkelkeime
4 EL Alfalfasprossen
4 EL Bockshornkleesprossen
Zitronensaft
Salz, Pfeffer

Vorbereitung: 20 Minuten
Garzeit: 20 Minuten

Die Gelatine in kaltem Wasser einweichen.

Die Möhre, den Sellerie und die Zwiebel schälen und klein schneiden. Mit dem Bouquet garni in einen Topf geben, 500 Milliliter Wasser angießen und salzen und pfeffern; aufkochen und 20 Minuten köcheln lassen.

Die Brühe zweimal durch ein feines Sieb gießen und gegebenenfalls noch etwas Wasser hinzufügen (Sie benötigen 600 Milliliter). Die Gelatine ausdrücken und in der heißen Brühe auflösen. Die Brühe anschließend beiseitestellen.

Die Avocado schälen, in Würfel schneiden, sofort mit etwas Zitronensaft beträufeln und auf Küchenpapier legen.

Die Eier pellen und halbieren und mit den ganzen Kirschtomaten, den Avocadowürfeln, den Dinkelkeimen und den Sprossen auf vier Gläser verteilen. Die Brühe darübergießen und 3 Stunden im Kühlschrank gelieren lassen.

Das Gemüse in Aspik gut gekühlt, eventuell mit einer Mayonnaise, servieren.

Brioches mit Schokolade und Weizenkeimen

50 g Haselnusskerne
30 g Weizenkeime
120 g Zartbitterschokolade
200 ml Milch
4 Brioches (ersatzweise Milchbrötchen)

Vorbereitung: 10 Minuten
Backzeit: 8 Minuten

Die Haselnüsse mit den Weizenkeimen fein mahlen.

Die Schokolade in der Milch schmelzen, die Nussmischung einrühren und die Masse beiseitestellen.

Von jeder Brioche einen Deckel abschneiden, die Brioches etwas aushöhlen und mit der Schokoladen-Nuss-Mischung füllen. Die Deckel wieder auflegen, die Brioches für 3 Minuten in den 175 °C heißen Backofen geben und sofort servieren.

Schokoladenreste im Kühlschrank aufbewahren und als Brotaufstrich verwenden.

Samen

und Kerne

Im Wandel der Zeit

Ein mit Mohnsamen bestreutes **Brot, eine mit Sesam garnierte gegrillte Aubergine** oder ein mit Sonnenblumenkernen verfeinerter Salat – was ist appetitanregender als ein liebevoll zubereitetes Gericht, dem man mit Samen oder Kernen noch eine besondere Note verliehen hat! Und dabei erfüllen sie durchaus nicht nur einen dekorativen Zweck. Ja es ist sogar ein uralter Brauch. So ist es in Asien, im Orient und in Afrika heute noch üblich, die großen Körner – das Getreide – mit den kleinen zu kombinieren. Was aber kann in einem so kleinen Korn überhaupt stecken? Alle ölhaltigen Samen enthalten, wenn auch in unterschiedlichen Mengen, neben reichlich Fett und den Vitaminen A, B und E auch Spurenelemente und Proteine. Und so klein sie auch sein mögen, für die Menschen in armen Ländern, die unter Mangelernährung leiden, sind sie mitunter sehr nützlich. Nicht umsonst hat man der Leinpflanze den wissenschaftlichen Beinamen *usitatissimum* – sehr nützlich – gegeben.

WAS KANN IN
EINEM SO
KLEINEN KORN
ÜBERHAUPT
STECKEN?

„Unsere Nahrungsmittel sollen Heil-, unsere Heilmittel Nahrungsmittel sein", mahnte Hippokrates. Dieser Satz hat gerade in der heutigen Zeit nichts von seiner Gültigkeit verloren. So versuchen inzwischen auch die Lebensmittel- und die Pharmaindustrie auf die wachsende Nachfrage nach Lebensmitteln zu reagieren, die den Körper nicht nur mit Energie und Nährstoffen versorgen, sondern die sich darüber hinaus positiv auf die Gesundheit auswirken. Der bereits erwähnte Lein etwa ist reich an essenziellen Fettsäuren. Essenziell sind diese Fettsäuren für den Organismus deshalb, weil er sie selbst nur in geringen Mengen oder überhaupt nicht bilden kann und weil er sie zum Beispiel für die Zellbildung und den Stoffwechsel benötigt. Ein Mangel an diesen essenziellen Fettsäuren kann Hautkrankheiten, Herz- und Nierenprobleme verursachen. Kürbiskerne versprechen Hilfe bei Harnwegsinfektionen und Prostataleiden und Senfkörner vertreiben die bösen Geister aus dem Haus und sollen, näht man sie in den Saum des Brautkleids ein, ein Garant für eine harmonische Ehe sein … Auch wenn dies alles alter Aberglauben sein mag, Samen und Kerne jedenfalls sind so etwas wie ein „Sesam-öffne-dich", eine Zauberformel, mit der man Suppen und Terrinen in etwas ganz Besonderes verwandelt. ■

Wissenswertes

/// **Amaranth, Senf, Schwarzkümmel, Mohn, Sonnenblume, Kürbis, Sesam …** Sie haben die Wahl!

/// Viele Samen und Kerne werden wie Gewürze verwendet und eignen sich zum Verfeinern jeder Speise. Machen Sie also regelmäßig Gebrauch davon – fürs Auge und zum Wohl Ihres Körpers.

/// Samen und Kerne **sollten an einem trockenen, lichtgeschützten Ort aufbewahrt** und möglichst rasch verbraucht werden.

/// Besonders gut entfalten sie ihr Aroma, wenn man sie ohne Fett in der Pfanne röstet.

/// **Kauen Sie die Körner gut, damit Ihr Körper auch wirklich von den wertvollen Inhaltsstoffen profitieren kann.**

/// Sind die Körner sehr klein, kann man sie im Mörser zerstoßen, damit sie vom Organismus möglichst vollständig aufgenommen werden können. So macht man es auch beim Gomasio, einem traditionellen japanischen Gewürz, bei dem Sesam mit Meersalz fein zerrieben wird.

/// **Sesam steckt voller Mineralstoffe** (unter anderem Magnesium, Calcium und Eisen) und ist ein sehr guter Ballaststofflieferant. Gerösteter Sesam bereichert Speisen mit seinem köstlichen nussartigen Aroma und eignet sich hervorragend zum Aromatisieren von Suppen, Saucen, Gebäck, Süßwaren und Brot.

/// **Senfkörner dienen als Konservierungsmittel** in Marinaden und machen saure Speisen milder.

/// **Reichen Sie zum Aperitif** doch einmal Kürbiskerne, die Sie ohne Fett in der Pfanne geröstet haben. Sie schmecken vorzüglich und haben weniger Kalorien als Erdnüsse.

/// Eine große Auswahl an Körnern und Kernen finden Sie in Bioläden und orientalischen Lebensmittelgeschäften.

/// Öle aus Samen und Kernen enthalten ebenfalls viele wertvolle Inhaltsstoffe und verleihen Salaten, Pürees oder auch Carpaccios eine ganz besondere Note.■

Kürbis-Käse-Creme

20 g Kürbiskerne
1 kg Riesenkürbis
150 g Frischkäse
1 Knoblauchzehe
300 g Tomaten
1 Schalotte
2 EL Kürbiskernöl
Kürbiskernöl zum Servieren
Muskatnuss
Salz, Pfeffer

Vorbereitung: 25 Minuten
Garzeit: 15 Minuten
Kühlen: 2 Stunden

Die Kürbiskerne in einer Pfanne ohne Fett hellbraun rösten und beiseitestellen.

Den Kürbis schälen. Das Fruchtfleisch klein schneiden, in einen Topf mit kaltem Salzwasser geben und 15 Minuten kochen.

Die Kürbisstücke in ein Sieb abgießen und dann die Flüssigkeit möglichst vollständig herauspressen. Das Kürbisfleisch mit dem Frischkäse und der geschälten Knoblauchzehe pürieren und mit etwas geriebener Muskatnuss, Salz und Pfeffer abschmecken. Die Mischung auf vier Gläser verteilen und 2 Stunden kalt stellen.

Die Tomaten mit der geschälten und fein geschnittenen Schalotte und dem Kürbiskernöl pürieren, anschließend durch ein feines Spitzsieb passieren, mit Salz und Pfeffer würzen und kalt stellen.

Die Tomatencoulis auf die Kürbiscreme gießen, mit den Kürbiskernen bestreuen und mit etwas Kürbiskernöl beträufeln.

Carpaccio vom Kalb mit Sesam

400 g Kalbsnuss
400 g sehr frische Champignons
Saft von 1/2 Zitrone
20 Kapern
1 EL Sesam
Sesamöl von gerösteten Samen
Schnittlauchröllchen (nach Belieben)
Fleur de Sel, Pfeffer

Zubereitung: 15 Minuten
Marinieren: 15 Minuten

Das Fleisch in sehr dünne Scheiben schneiden – oder dies bereits vom Metzger erledigen lassen – und bis zum Servieren kalt stellen.

Die Champignons putzen, in dünne Scheiben schneiden, mit dem Zitronensaft und vier Esslöffeln Sesamöl beträufeln, mit Salz und Pfeffer würzen, durchmischen und 15 Minuten bei Raumtemperatur durchziehen lassen.

Das Fleisch auf vier Tellern anrichten, mit etwas Sesamöl beträufeln und mit Salz und Pfeffer würzen. Die Champignons und die Kapern darauf verteilen. Alles mit dem Sesam und Schnittlauchröllchen nach Belieben bestreuen und sofort servieren.

Blätterteiggebäck
mit Käse-Körner-Kruste

2 TL Sonnenblumenkerne
2 TL Sesam
2 TL Mohnsamen
2 TL Leinsamen
40 g sehr alter Mimolette
(ersatzweise alter Gouda oder Edamer)
1 Rolle Blätterteig

Vorbereitung: 10 Minuten
Backzeit: 10 Minuten

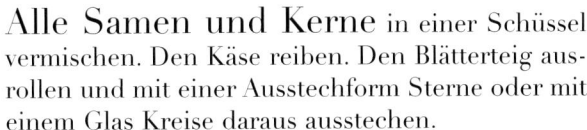

Alle Samen und Kerne in einer Schüssel
vermischen. Den Käse reiben. Den Blätterteig ausrollen und mit einer Ausstechform Sterne oder mit
einem Glas Kreise daraus ausstechen.

Ein Backblech mit einer Silikon-Backmatte
oder mit Backpapier auslegen und den Teig darauf
verteilen. Die Teigscheiben mit dem Käse und den
Körnern bestreuen.

Das Blätterteiggebäck 10 Minuten im
225 °C heißen Backofen backen und heiß zum Aperitif oder zu einem Salat servieren.

Makrelenrillette

600 g Makrelenfilets
1 EL Senf
3 EL Weißwein
1 EL Kräuter der Provence
40 g weiche leicht gesalzene Butter *(demi-sel)*
3 EL Haselnussöl (ersatzweise Sesamöl)
20 g Sonnenblumenkerne
1 EL Leinsamen
2 EL Kapern
1 EL Schnittlauchröllchen

Vorbereitung: 20 Minuten
Garzeit: 25 Minuten

Die Makrelenfilets mit dem Senf bestreichen, in eine Auflaufform schichten, mit dem Wein beträufeln, mit Salz und Pfeffer würzen und mit den Kräutern der Provence bestreuen.

Die Form mit einem Stück Alufolie abdecken und die Makrelen 25 Minuten im 200 °C heißen Backofen garen.

Die Haut von dem gegarten Fisch abziehen, das Fleisch zerpflücken und mit der weichen Butter vermengen. Das Öl, die Sonnenblumenkerne, den Leinsamen, die Kapern und die Schnittlauchröllchen untermischen. Die Rillette kalt stellen und auf geröstetem Brot servieren.

Sämtliche Rezepte sind für vier Personen berechnet.

Dank

Dank an unsere Lektorin Aude Macquet für die sorgfältige Durchsicht des Buchs.

Carine Turin nur zu danken, wäre zu wenig. Wir sind ihr unendlich dankbar für das meisterhafte grafische Konzept, das sie auf so wunderbare Weise umgesetzt hat.

Was wir für Florence Lécuyer empfinden, die uns durch dieses schwierige Projekt begleitet und es mit uns zu einem erfolgreichen Abschluss gebracht hat, möchten wir frei nach Laotse in folgende Worte fassen:

„Wenn Tao verloren geht, kommt die Tugend.
Wenn die Tugend verloren geht, kommt
die Wohltätigkeit.
Wenn die Wohltätigkeit verloren geht, kommt
die Gerechtigkeit.
Wenn die Gerechtigkeit verloren geht, kommt
das Lachen.
Das Lachen ist das äußere Zeichen der Treue
und des Vertrauens."

Einkaufen

Allen Firmen, die zum Gelingen der Fotos beigetragen haben, sei im Namen von Domitille Langot herzlich gedankt.

Deshoulières www.deshoulières.com
Astier de Villatte www.astierdevillatte.com
Cristal de Sèvres www.cristalsevres.com
To be www.tobe.fr
Coutelier Delarboulas
Korzilius